cylchoedd
Sian Northey

ISBN: 978-1-912173-42-6

Cyhoeddwyd gyda chymorth ariannol
gan Cyngor Llyfrau Cymru

Dylunio: Olwen Fowler
Ffotograffau: Iestyn Hughes

Cyhoeddwyd gan
Gwasg y Bwthyn, Caernarfon
gwasgybwthyn@btconnect.com
www.gwasgybwthyn.cymru
01286 672018

cylchoedd
Sian Northey

Ffotograffau gan Iestyn Hughes

Cynnwys

Fel y lledaena tonnau wrth i un garreg gael ei gollwng i'r dŵr, felly hefyd effeithiau gweithred unigolyn.

Y Dalai Lama

cylchoedd

cylch
[H. Gym. *circhl*, Llyd. *kelc'h*, bnth. Llad. *circ'lus, circulus*; symleiddiwyd *cyrchl* yn *cylch*] *eg. ll. -au, -oedd, -(i)on*, a hefyd fel *ardd.*

1. a Unrhyw arwyneb crwn neu'r llinell a fo'n ei gynnwys, gwrthrych neu drefniant o wrthrychau a fo'n rhoi argraff gyffredinol o grynder...

Bisgedi

Peth od ydi cegin ddiarth. Mae popeth yn cymryd yn hirach. Does dim posib gafael mewn cyllell neu ddysgl heb feddwl. I ddechrau cychwyn rhaid darganfod ble mae'r cyllyll yn cael eu cadw ac yna edrych arnynt a cheisio dyfalu pa un ydi'r orau i'r swydd dan sylw. Mae pob un fymryn yn fwy neu fymryn yn llai, fymryn yn 'sgafnach neu fymryn yn drymach na'r rhai adra. A'r un peth efo'r dysglau.

Edrych ar y gwydrau oedd Peg. Nid oherwydd ei bod yn bwriadu yfed unrhyw beth, er, fe fyddai gwydriad o win, neu hyd yn oed gwydriad o rywbeth cryfach, jin efallai, wedi bod yn dderbyniol iawn. Annoeth. Ond derbyniol. Gwneud bisgedi oedd hi, ac mae'n gonfensiwn bod bisgedi'n grwn. Eithriadau ydi Nice a Tuc, bisgedi Nadoligaidd siâp coeden a dynion sinsir. Pethau crwn ydi bisgedi. Er gwaethaf rhesymeg storio nwyddau mewn bocs ac mewn warws, pethau crwn ydi bisgedi. Ac er mwyn cael bisgedi crwn roedd rhaid cael rhywbeth i'w torri'n grwn. Doedd yna ddim *biscuit cutters* yng nghegin y tŷ haf. Gan mai dim ond un llwy bren oedd yna doedd hynny ddim yn syndod. Ond fe fyddai gwydryn yn gwneud y tro. Ac mi oedd yna ddewis eang o wydrau. Roedd y perchennog yn amlwg yn credu bod pobl ar eu gwyliau yn fwy tebygol o fod isio yfed gwin coch allan o un math o wydryn a gwin gwyn allan o wydryn gwahanol nag y bydden nhw o benderfynu gwneud bisgedi. Gafaelodd yn un o'r gwydrau ac ystyried ei faint. Tybed a oedd bisgedi'n grwn oherwydd bod gwydrau yn bethau mor gyfleus i'w torri? Neu wydrau'n cael eu defnyddio i dorri toes am fod angen i fisgedan fod yn gron? Wy, cyw...

Roedd hwn yn rhy fawr. Gosododd o'n ôl ar y silff a dewis un arall. Braidd yn rhy fach efallai ond byddai'n gwneud y tro. Y peth pwysig oedd eu torri a'u pobi cyn i bawb gyrraedd. Dyna oedd yr addewid blynyddol – y byddai Nain yn mynd i'r bwthyn cyn pawb arall ac yn treulio diwrnod cyfan yn pobi fel bod yna wledd yn eu disgwyl amser te pan fydden nhw'n cyrraedd. Wyddai hi ddim erbyn hyn sut y dechreuodd y traddodiad, ond dyna oedd y drefn bob blwyddyn. Llogi bwthyn. Wel nage, erbyn hyn doedd o ddim yn fwthyn, roedd rhaid iddo fod yn dŷ, ac yn dŷ reit sylweddol, er mwyn dal pawb. Ond mi oeddan nhw'n dal i gyfeirio ato fel y bwthyn.

'Wyt ti wedi llogi'r bwthyn eto?'

Weithiau byddai Peg yn ei logi flwyddyn o flaen llaw, weithiau byddai'n drefniant munud olaf. Doedd dim dal, a doedd dim rheswm arbennig dros y naill drefn na'r llall. Dim rheswm yr oedd hi'n ymwybodol ohono o leiaf. Ond hi fyddai'n gyfrifol am wneud bob tro. Hi fyddai'n cael dewis y lleoliad. Ond os oedd y lleoliad yn newid roedd y dyddiad yn aros yn gyson. Wythnos olaf mis Gorffennaf, yn ddi-ffael. Byddai pawb yn cadw'r wythnos yn glir, ac ar y dydd Gwener cynt fe fyddai Peg yn cysyllltu i adael iddyn nhw wybod lle i fynd. Byddai wedi cadw'r gyfrinach tan hynny. Wedi tyfu oedd y traddodiad hwnnw hefyd. Roedd o'n draddodiad hŷn na'r traddodiad bod Peg yn cyrraedd ddiwrnod cyn pawb arall. Pan fyddai'r plant yn fach byddai'n gwrthod dweud wrthyn nhw i le roeddan nhw'n mynd. Weithiau fyddai'r daith i'r bwthyn ddim mwy na hanner awr, droeon eraill byddent yn teithio am oriau. Roedd y daith i bellafoedd yr Alban wedi bod braidd yn hir efallai, ac eto roedd yr wythnos honno'n un a oedd yn glynu'n y cof fel un o'r goreuon. Erbyn hyn, a'r teulu ar wasgar, roedd yna fantais o ddewis llefydd gwahanol bob blwyddyn – weithiau byddai'n agos at gartref un o'r plant a thro arall byddai'n rhaid i'r teulu hwnnw deithio ymhellach a brawd neu chwaer a'u teulu yn cael taith fer, bleserus.

Cerddodd Peg gyda'i gwydryn at y toes a oedd yn gwrlid ar y bwrdd fformica glas. Roedd hi'n gwybod mai rhywbeth ffasiynol retro oedd y bwrdd, rhywbeth a oedd yn cyd-fynd efo'r cwpwrdd â'r leff yn plygu i lawr i ddatgelu silff a'r drysau bach yn y top efo'u gwydr patrymog yn llithro'n agored. Ond gwybod hynny neu beidio mi oedd hi am funud yn ôl yng nghegin ei nain hi, a honno mor falch o'i dodrefn newydd ffasiynol. Edrychodd ar y cloc ar y wal, hwnnw hefyd yn cyd-fynd â'r cyfnod, er yn amlwg ddim yn wreiddiol.

Dim ond ers i'r plentyn ieuengaf adael cartref roedd y traddodiad bod Peg yn cyrraedd ar y dydd Sadwrn a phawb arall yn cyrraedd ar y dydd Sul wedi dechrau. Adeg honno roedd y bythynnod yn tueddu i fod yn fwy cyntefig ac mi oedd yna fantais ei bod hi wedi cyrraedd o flaen pawb. Roedd hi'n cael cyfle i fodloni ei hun bod y lle fwy neu lai yn cyd-fynd â'r disgrifiad, ac yn cael cyfle i ddatrys unrhyw fân broblemau a gwneud y lle ychydig bach yn fwy croesawgar cyn i bawb gyrraedd. Wrth i safon y bythynnod gwyliau wella dros y blynyddoedd, ac i'r wyrion dyfu'n hŷn, roedd llai o alw arni i wneud pethau ymarferol megis glanhau, dygymod â'r system gynhesu dŵr neu symud ornaments allan o gyrraedd dwylo bach.

Adeg honno, oherwydd bod ganddi amser sbâr tra oedd yn aros amdanynt, y datblygodd y traddodiad o bobi. Pobi bara, pobi cacennau ac yn fwy na dim pobi bisgedi. Gwthiodd y gwydryn i mewn i'r toes – un cylch. Ac eto – dau gylch. Daliodd ati fel bod pob lle posib ar gyfer cylch wedi'i dorri. Cododd y cylchoedd a'u gosod ar amrywiaeth o bethau yn barod i fynd i'r popty – tres pwrpasol a sawl peth arall roedd hi wedi'u darganfod yn y gegin, i gyd wedi'u hiro â menyn rhag i'r bisgedi lynu. Roedd hi'n rheol anysgrifenedig nad oedd hi'n dod ag unrhyw offer – megis teclyn torri bisgedi – efo hi, dim ond y cynhwysion a gwneud y gorau ohoni o hynny mlaen. Hi oedd wedi gosod y cyfyngiad hwn arni hi ei hun, neb arall.

Casglodd weddillion blêr y toes, y darnau rhwng y tyllau, at ei gilydd yn belen a'i rhowlio eto efo'r rholbren. Roedd un o'r rheini yno trwy ryw lwc, er y gwyddai o brofiad fod potel win yn gwneud y tro yn iawn, ac roedd ganddi bob tro un o'r rheini, yn wag neu'n llawn. Fe lwyddodd hi a'r gwydryn i gael pedwar cylch arall cyn gorfod ailgasglu ac ailrowlio. Dau arall. Yna un arall. Ac yn olaf gwasgu'r mymryn gweddillion yn fisgeden a oedd fwy neu lai yn grwn ond nad oedd ag ochrau twt wedi'u torri gan y gwydryn.

Ac i mewn i'r popty â'r rhai cyntaf. Llenwodd y tegell a'i roi i ferwi. Gwnaeth baned a'i hyfed bob yn ail â golchi llestri. Ar ganol hynny tynnodd y bisgedi sinsir allan o'r popty a'u rhoi i oeri ar y gril ac ar wahanol blatiau, er nad oedd hynny'n gweithio cystal. Rhoddodd fwy o fisgedi yn y popty a dal ati i glirio. Roedd ganddi bowlan lân rŵan, gallai wneud mwy o fisgedi. Bisgedi *chocolate chip*. Mi fyddai'r rhai ieuengaf yn hoffi'r rheini. Torrodd y cylchoedd. Ond falla bod angen rhywbeth mwy soffistigedig ar gyfer yr oedolion – golchodd y llestri, cadwodd y bisgedi sinsir mewn tun, gosododd y rhai *chocolate chip* i oeri, gwnaeth gymysgedd a oedd yn cynnwys cnau Ffrengig ac afal. Golchodd y llestri, gwnaeth baned. Efallai fod popeth yn rhy felys. Gwnaeth fisgedi caws. Ddim digon o gic yn y blas. Gwnaeth fisgedi caws a tsili. Roedd mwy o flawd yn y car. Roedd hi'n ddiwedd pnawn. Fe fyddai pawb yma yn y munud.

Agorodd botel o win. Gwin coch. Gyda'r rhai caws a tsili. Gwin gwyn gyda'r rhai caws, a gwin gwyn ychydig mwy melys gyda'r bisgedi cnau Ffrengig ac afal. *Chocolate chip* – rym. Sinsir? Sinsir? Edrychodd ar y rhes poteli. Jin efallai? Neu fodca. Ia, fodca, a'i flas glân caled fel heth yn wyn ac oer a'r sinsir yn disgleirio arno yng ngolau isel yr haul.

'Mi fydd hi'n chwil.'

'Falla bydd hi'n iawn.'

'Mi ddyla bod chdi wedi mynnu mynd efo hi leni.'

'Pam fi?'

'Wel rhywun...'

''Sa'n well ni drefnu rota.'

'A'r bisgets!'

'O God, ia, y blydi bisgets!'

Roedd y pedwar o gwmpas bwrdd McDonald's a gweddillion y pryd – y potiau bach sos coch a'r sglodion nad oedd neb isio go iawn er eu bod yn dal i'w bwyta a hwythau'n oer – yn llanast o'u blaenau. Wrth fwrdd arall, wel tri bwrdd wrth ochrau'i gilydd i fod yn fanwl, roedd y cefndyr a'r cneitherod yn claddu McFlurrys ac yn ail-lenwi eu cwpanau Coke. Roedd y rhai ieuengaf yn chwythu swigod efo'r gwellt nes bod yr hylif cochlyd yn codi dros ymyl eu cwpanau ac yn llifo ar hyd y bwrdd.

'Barod?'

Daeth griddfan theatrig gan y rhai hynaf. Roedd y rhai bach yn parhau i chwythu swigod neu'n chwalu'r Môr Coch efo'u bysedd nes ei fod yn llifo oddi ar y bwrdd ac ar hyd eu jîns, neu gwell byth, jîns rhywun arall.

'Car. Rŵan.'

Cododd rhai o'r plant.

'Pawb. Mi fydd Nain yn aros amdanon ni.'

Aeth Peg i'r ystafell fyw efo'r botel fodca gan adael y bisgedi yn y gegin. Gorweddodd ar y soffa Chesterfield, tywallt mwy o fodca i'r gwydryn, edrych trwy'r ffenest a gwylio canghennau'r goeden yn symud yn y gwynt. Yna ymestynnodd am y teclyn i reoli'r teledu a symud i lawr trwy'r rhaglenni nes cyrraedd ffilm ddu a gwyn. Wyddai hi ddim be oedd hi. Wnaeth hi ddim hyd yn oed glicio ar y botwm i weld be oedd ei theitl. Mi fyddai hi'n gwneud y tro, beth bynnag oedd hi. Roedd yno bobl, mi oeddan nhw'n symud, mi oeddan nhw'n siarad. Ac fe lithrodd y du a'r gwyn allan o'r sgrin ac ar hyd yr ystafell. Diflannodd y carped glas a'r waliau melyn, diflannodd y lliw o'r llenni ac fe ledodd y du a'r gwyn allan o'r ystafell ac i fyny'r cwm. Lledodd i'r cyfeiriad arall hefyd, i lawr y ffordd i gyfarfod y ceir, y ceir lle roedd rhai plant yn chwarae gemau ar eu ffonau a rhai eraill yn ymuno â'u rhieni yn canu.

'Bisgets. Blydi bisgets. Blydi bisgets boring. Bisgets boring bach.'

Daeth y byd di-liw i'w cyfarfod ac wrth i'w sgriniau golli eu lliw, a'u dillad fynd yn llwyd, llanwyd y ceir ag arogl sinsir, ac arogl caws, ac arogl gwin ac arogl brandi. Roedd y ceir, y tri char, bellach mewn confoi ar y ffordd gul at y bwthyn. Trodd yr un oedd ar y blaen i mewn i gilfan lle roedd lle i bawb barcio a daeth yr oedolion allan. Safodd y tair chwaer a'u brawd yno ger y domen raean.

'Mae hi ar y pop eto'n tydi.'

'Ddudis i y dyla rhywun fod wedi...'

Ond wnaethon nhw ddim trafod mwy na hynny, dim ond dychwelyd at y ceir a, bob un yn eu tro, llwyddo i droi ar y darn o darmac rhwng y gwrychoedd uchel a mynd yn ôl y ffordd y daethon nhw. Dywedwyd yr un peth wrth y plant i gyd – eu bod nhw wedi penderfynu aros noson mewn gwesty ger y McDonald's ac y byddai pawb yn cael swper yn fanno ac yn mynd i weld Nain yn y bore.

'Mae gen i ofn eu bod nhw'n feddal braidd erbyn heddiw,' ymddiheurodd Peg.

'Be ydio'r ots,' meddai'i phlant, y plant a oedd wedi'u magu ar fisgedi stêl.

'So what,' meddai'r wyrion a oedd â KitKats a Penguins yn eu bagiau.

Gafaelodd y ferch hynaf, yr un oedd wedi gwneud hynny erioed er mwyn ei chwiorydd bach a'i brawd, mewn bag o siwgwr mân a photel *cochineal*.

'Be ydio'r ots,' meddai eto. 'Hanner y sbort ydi gorchuddio'r cyfan efo eisin lliw.'

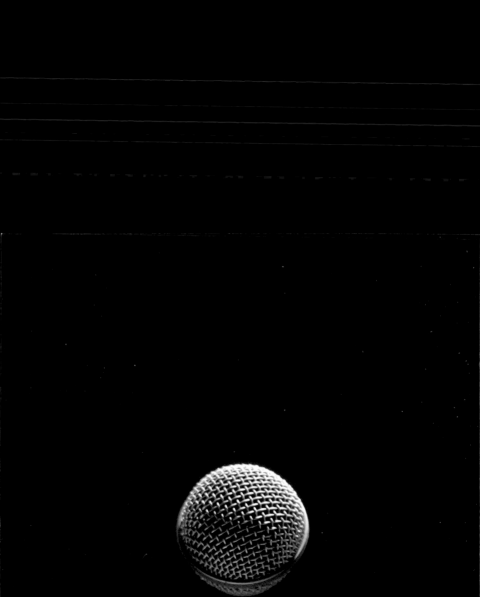

Eurgylch
a meicroffon

Doeddan nhw ddim yn deall be oeddwn i. Chydig bach o siom a finna wedi dewis ffurf eitha clasurol – coban wen at fy nhraed, dwy aden, rhyw wawr o oleuni ysgafn ond ddim rhy lachar. Does dim isio bod yn ddi-chwaeth, nag oes? Dyna pam 'nes i ddeud wrth Jelia a'i blydi trwmped aros adra.

'Fedri di ddim mynd dy hun,' medda hwnnw gan fachu rhyw lyfr llychlyd o'r tomennydd oedd wrth ei ymyl a'i agor a dechrau darllen. 'Lliaws – lot mae hynna'n olygu.'

'Na, no we, nefar. Nefar in uffarn, gwd boi.'

Edrychodd Jelia arna i'n amheus, gan godi un ael ac aros i mi esbonio.

'Ymarfer. Mae'n rhaid cyfathrebu efo nhw. Mi fydd wirioneddol angen gwneud rywbryd eto, dw i'n siŵr,' meddwn i. 'A beth bynnag, dw i'n *bored*,' ychwanegais. 'Ond ti'n aros adra. Ddigon drwg 'mod i'n anufuddhau.'

'Cer 'ta,' medda Jelia gan droi yn ôl at ei drwmped. 'Eniwe, mae'r lle 'di newid lot meddan nhw. Fyddan nhw ddim yn *impressed* iawn efo chdi.'

A doeddan nhw ddim. Mi 'nes i ddewis rhywle lle roedd 'na gryn dipyn o bobl ac ymddangos fel roedd hi'n dechra tywyllu. Sefais yno am sawl munud cyn i neb ddeud dim byd. Mi oeddwn i'n difaru braidd na fyswn i wedi gadael i Jelia ddod efo fi ac ugain trwmped efo fo. Mi oeddwn i wedi disgwyl iddyn nhw synnu os nad dychryn, ond yr unig beth ddigwyddodd oedd bod cwpl ohonyn nhw wedi mynd heibio i mi i fynd at y cownter hir lle roeddan nhw'n gweini diodydd. Mi sylwodd un o'r genod mai mynd trwydda i wnaeth hi yn hytrach na gwthio yn fy erbyn a throdd i edrych arna i.

'Hei, pwy wnaeth hwn?' gwaeddodd, ar neb yn arbennig hyd y gwelwn i. 'Cŵl. Gwahanol.'

Gan gario'i diod cerddodd nes ei bod hi y tu ôl i mi a 'studio'r adenydd.

'Mae'r rhain yn dda. Manwl.'

Edrychodd o amgylch fel 'sa hi'n disgwyl i rywun ymateb, ond wnaeth 'na neb. Cododd ei sgwyddau a dechrau cerdded i ffwrdd.

'Rhywun wedi gadael ei ddychymyg yn fama, bois. Dw i'n licio. A dw i'n sengl.'

Yn sydyn ymddangosodd plentyn bach noeth a dwy aden ar ei gefn o fy mlaen. Ond doedd o ddim yno am hir. Hedfanodd ar ôl y ferch a graddol ddiflannu wrth wneud. Maen nhw'n cael bod lawr yn y byd trwy'r amser wrth gwrs, heblaw cyfnodau R & R. Ond tydyn nhw ddim yn angylion go iawn. *One trick ponies* ydyn nhw. Chwilod chwant. Mae'r angylion gwarchodol i lawr yma gryn dipyn o'r amser hefyd. Maen nhw fod i gysgodi'n eitha cyson. Ond mae ganddyn nhw ormod o waith i'w wneud ac mae *morale* yn isel dyddia yma. Mae'r rhai cydwybodol yn rhedeg o gwmpas fel pethau gwirion oherwydd bod cadw golwg ar bedwar neu bump neu hyd yn oed chwech yn ormod o waith i un; tra bod rhai eraill yn digalonni a rhoi'r gora iddi hi a jest eistedd yna a gadael i bethau ddigwydd i'r diawl.

Ond tydan ni, yr angylion go iawn, ond fod i ddod lawr pan fo 'na ryw achlysur o bwys. A does yna ddim achlysur o bwys wedi bod ers sbel, ac yn ôl be dw i'n ddallt does ganddo Fo ddim plania am un chwaith. Sy'n golygu ein bod ni wedi bod yn eistedd ers hir yn trafod da a drwg ac yn adrodd straeon, straeon 'dan ni i gyd yn eu gwybod ac wedi'u clywed hyd at syrffed. Mae gan rai offerynnau wrth gwrs, telynau a thrwmpedau yn bennaf, er bod y *dizi* yn dechrau dod yn fwy poblogaidd. A'r *suona* – dw i ddim yn hoff o'i dwrw, ond rhaid cyfaddef bod y siâp yn ddeniadol, yn cyd-fynd efo'r syniad sydd gan lawer o bobl amdanon ni ddeud gwir. O leia mae'n bosib i'r rhai sydd ag offerynnau ymarfer a jamio ond tydi pob angel ddim yn gerddorol. Tydw i ddim. Ond mi oeddwn i'n difaru erbyn hyn na fyddwn i wedi dod â *suona* i lawr efo fi er mwyn gallu taro rhyw nodyn neu ddau a chael chydig o sylw.

Y person oedd yn cael sylw oedd dyn bach barfog a oedd yn sefyll ar bwt o lwyfan yn y gornel. Roedd pobl yn gwrando arno fo, nid pawb wrth reswm ond roedd y rhan fwyaf o'r bobl yn y stafell yn gwrando, a phob yn hyn a hyn mi oeddan nhw'n chwerthin. Roedd hyd yn oed y rhai nad oeddan nhw wedi bod yn gwrando yn chwerthin, yn cael eu llusgo allan o'u sgyrsiau gan y don o chwerthin. Penderfynais wrando'n iawn arno a symudais drwy'r gynulleidfa fel 'mod i'n nes at y dyn barfog. Deud straeon oedd o. Doeddwn i ddim yn eu deall nhw i gyd, ond o be welwn i straeon am bethau ddigon cyffredin yn ei fywyd oeddan nhw. Roedd rhai ohonyn nhw'n ddoniol am wn i, ond doeddwn i ddim yn deall pam fod pawb yn chwerthin ar ben rhai o'r lleill. Ond fel pawb arall mi oeddwn i'n cael fy nghario gan y don o chwerthin. Yna mi ddiolchodd i bawb am wrando.

'Ac wrth gwrs,' medda fo, 'fel y gŵyr y ffyddloniaid, noson meic agored ydi heno. Felly os oes yna unrhyw un am fentro...'

Cododd dyn arall, creadur tal, main, afrosgo, a mynd ar y llwyfan. Deud straeon am ei fywyd wnaeth hwnnw hefyd, ond doedd yna ddim llawer o neb yn chwerthin ac fe roddodd y gorau iddi reit fuan. Cymerodd gwraig ganol oed ei le, ac mi oedd y gwragedd canol oed yn yr ystafell yn chwerthin er bod llawer o'i straeon yn ymddangos yn drist i mi.

'Ac mae 'na gyfle i un arall,' meddai'r dyn barfog ar ôl iddi hi ddychwelyd i'w sedd.

Wnaeth 'na neb godi. Petrusais. Ddim fel hyn roeddwn i wedi dychmygu pethau, ond eto mi oeddwn i am i bobl wrando arna i, am iddyn nhw gymryd sylw ohona i.

'Unrhyw un?' meddai'r dyn barfog. 'Dyma'ch cyfle...'

Gododd 'na neb. Petrusais eto. Yna mi symudais o'r lle roeddwn i wedi bod yn sefyll ger y wal a mynd tuag at y llwyfan.

'A, y dyn yn y wisg angel. Briliant!'

Croesawodd fi i'r llwyfan a gofyn a oeddwn i wedi gwneud stand-yp o'r blaen. Doeddwn i ddim cweit yn siŵr be oedd o'n ei olygu.

'Sefyll o flaen lot o bobl a gwneud nhw chwerthin?' medda fo gan siarad yn glir ac araf, a fe chwarddodd rhai o'r gynulleidfa.

'Naddo, rioed,' meddwn i.

A dyna'r geiriau cyntaf i mi eu llefaru ar y ddaear.

Deud straeon am eu bywydau bob dydd wnaeth pawb arall, felly mi oeddwn i'n teimlo y byddai hynny'n beth call i minna wneud. I ddechrau o leia. Nid 'mod i'n credu eu bod nhw'n straeon doniol, ond falla nad oeddwn i'n deall be oedd yn ddoniol i ddynoliaeth. Dywedais wrthyn nhw am Jelia a'i drwmped a sut oedd o isio dod efo fi a finna wedi gwrthod.

Dywedais wrthyn nhw am yr helynt fu efo'r giât chwith y diwrnod o'r blaen. Ac mi oeddan nhw'n chwerthin. Rhyw ddechrau'n ddistaw wnaeth y chwerthin ond yn fuan iawn roedd bonllefau o chwerthin. Mi oedais am eiliad yn rhy hir rhwng dwy stori ac fe waeddodd rhywun rywbeth o'r cefn. Dw i wedi deall erbyn hyn fod peth felly'n digwydd ac mai heclo ydi'r gair amdano.

'Lle mae dy *halo* di?'

'Be?' meddwn i. Doeddwn i ddim yn siŵr a oeddwn i wedi clywed yn iawn.

'Lle mae dy blydi *halo* di? Angel drama!'

Ystyriais am funud, ond os dyna oedd y gynulleidfa isio pwy oeddwn i i anghydweld? Creais eurgylch i mi fy hun.

'Wps!' meddwn i wrth edrych arno, ac yna'i grebachu reit sydyn a'i wneud yn llai disglair. 'Roedd hynna'n ormod braidd, yn toedd?'

Chwarddodd pawb dros y lle. Roedd hyd yn oed y boi oedd wedi gweiddi arna i yn chwerthin.

Gwelais fod y dyn barfog wedi camu'n ôl ar y llwyfan, yn amlwg isio deud wrtha i bod fy amser ar ben. Roedd y gynulleidfa'n gweld hynny hefyd ac yn gwrthwynebu.

'Un stori arall,' medda fo wrtha i.

Ystyriais a ddylwn i ddefnyddio'r cyfle hwn i ddeud rhywbeth pwysig. Mi oedd yna sawl un ohonan ni, er nid pob angel, yn credu bod angen deud rhwbath wrth bobl am... Wel, doeddan ni ddim yn siŵr am be ddeud gwir, dim ond bod yna bethau pwysig y dylen nhw eu hystyried. Mi oeddan ni'n anghydweld ynghylch be oedd y peth pwysicaf.

'Gadwch lonydd iddyn nhw,' oedd ei agwedd O.

Felly mi 'nes i ddechrau sôn am hynny – cyfaddef ein bod

ni'n anghydweld ynghylch be oedd y bygythiad mwyaf ac esbonio bod hynny'n golygu bod, o bosib, sawl peth y dylen nhw ystyried ei newid. Mi oeddwn i hyd yn oed ddigon gonest i ddeud 'mod i yno yn groes i gyfarwyddiadau a'i fod O – 'dw i ddim yn cael ei enwi fo wrth reswm, ond 'dach chi'n gwbod pwy dw i'n feddwl' – ei fod O o'r farn mai gadael lonydd iddyn nhw oedd isio.

Ac mi oeddan nhw'n glana chwerthin. Ac mi ges i fonllefau o gymeradwyaeth wrth adael y llwyfan. Gafaelais yn yr eurgylch a'i wasgu i'm llaw a'i wthio i boced, nad oedd yn bod, yn fy ngwisg. Mi oeddwn i'n meddwl bod hynny'n well syniad na gwneud iddo ddiflannu. Bron nad oeddwn i isio gwneud i mi fy hun ddiflannu ond roeddwn i'n credu nad oedd gwneud hynny'n gyhoeddus yn beth call chwaith. A chyn i mi gael cyfle i fynd i rywle o'r golwg i ymadael â'r byd hwn fel petai, fe ddaeth y dyn bach barfog ata i.

'Gwych, gwych,' medda fo. 'Hollol, hollol wreiddiol. Gwranda, dw i'n trefnu cyfres o nosweithia, fysa gen ti awydd ymuno efo fi?'

Petrusais. Dw i ddim yn meddwl 'mod i erioed wedi petruso cymaint ynglŷn â gwahanol bethau ag y gwnes i'r noson honno. Dywedodd y dyn barfog faint fyddai'n gallu ei dalu i mi am bob noson. Doedd gen i ddim syniad a oedd hynny'n swm mawr neu beidio, a doedd o ddim yn berthnasol, nag oedd? Yr hyn wnaeth i mi newid fy meddwl oedd y ffaith 'mod i wedi mwynhau. Doeddwn i ddim hyd yn oed yn adnabod y teimlad y tro cyntaf hwnnw, ond mwynhad oedd o. Mi oeddwn i'n hoffi sut yr oeddwn i'n teimlo pan oedd llond ystafell o bobl yn chwerthin ar ben yr hyn yr oeddwn i wedi'i ddeud. Mae o'n swnio'n wirion ond mi oedd o'n gwneud i mi deimlo'n fwy solat rhywsut, yn fwy o ddyn.

'Gwych, gwych,' meddai'r dyn bach barfog eto a rhoi ei fraich dros fy ysgwydd. Mi deimlais o.

Prynodd ddiod i mi, ac mi wnes i ei yfed. A'i deimlo'n llifo'n gynnes i lawr fy ngwddw, er, wn i ddim lle aeth o wedyn.

Dw i dal wrthi. Mi wnes i anfon neges at Jelia yn awgrymu y dyla fo ymuno efo fi, ond penderfynu aros lle roedd o wnaeth o, medda'r chwilen chwant fach gariodd y neges. Dw i ddim yn ymddangos fel angel clasurol bob tro bellach, ond mi ydw i'n dal i sôn am yr un pethau fwy neu lai, ac yn aml iawn yn gwisgo eurgylch er mwyn eu hatgoffa nhw pwy ydw i. Neu efallai mai atgoffa fy hun ydw i. Ac mi ydw i'n dal i fwynhau'r teimlad dw i'n ei gael pan fo cannoedd o bobl yn gwrando arna i. Ac maen nhw'n dal i chwerthin.

Yng ngolau'r lamp

Ar ôl ymadawiad y gwningen i dwll y goleuni ni welwyd mohoni wedyn. Symudodd y dwylo ac ymddangosodd rhywbeth arall ar y wal. Rhywbeth a agorodd ei big i glegar wrth hedfan tua'r traeth gyda'r nos i glwydo, neu wrth adael y tywod diogel yn y bore i gyfeiriad peryglon y borfa. Roedd gŵydd yn fy llofft. Ac am fod gŵydd roedd gwyddau. All gŵydd ddim bod ar ei phen ei hun. Bu gennym glagwydd unwaith, un clagwydd ar ôl a'i frodyr a'i chwiorydd wedi'u gwerthu neu wedi'u bwyta. Fe aeth yn orffwyll. Byddai'n ymosod ar unrhyw un a fentrai i'w gae ac yn crwydro trwy'r dydd, fel yr adyn hwnnw sydd ar gyfeiliorn.

Felly, oherwydd na allwn i orfodi unrhyw ŵydd arall byth eto i ddioddef y ffasiwn wewyr meddwl, llenwais fy llofft â gwyddau. Er nad oedd gennyf ond dwy law, creais y gweddill â'm dychymyg a'u hanfon i hedfan. Gwyliais hwy'n cylchdroi o amgylch yr ystafell, yn sgwrsio y naill â'r llall, ac yn chwilio am fwlch er mwyn iddynt ddianc rhag caethiwed y pedair wal. Diolchais eu bod wedi ymddangos ar fy waliau yn wyddau yn eu llawn dwf. Petaent yn gywion byddent, wrth ddeor o'r golau a'r cysgodion, wedi fy ngweld ac wedi fy ngalw'n fam. Fel cywion gwyddau Konrad Lorenz byddent wedi fy nilyn am byth. Siâp bod dynol, fy siâp i, fyddai wedi ei argraffu ar eu meddyliau fel eu rhiant.

Y cyw a fegir yn uffern yn uffern y myn fod. Yr uffern wreiddiol oedd y cafn yn y simnai fawr lle disgynnai'r lludw. Byddai ei wres yn lle da i fagu cywion, rheini wedyn yn ceisio dychwelyd at y lludw cynnes ac at y bobl oedd yn fwy o rieni iddynt nag unrhyw aderyn.

Byddai Mam yn creu'r siapiau hud yn y cylch golau. Cyn i ni fynd i gysgu, neu pan oeddwn i neu fy mrawd yn sâl ac yn methu cysgu. A rŵan fi sy'n eu gwneud i ddiddanu fy hun.

A tydi fy mrawd ddim yn sâl. Ddim hyd y gwn i.

Mi oeddan ni'n rhannu llofft – fi a Gwydion.

'Fy nau ddewin bach i.'

A ni'n dau yn dadlau p'run ai Gwydion 'ta Myrddin oedd y dewin gorau. Roedd Gwydion, y Gwydion go iawn, yn gallu creu merch a bron nad oedd Gwydion Evans yn gallu creu merched. Yn sicr fe fyddent yn ymddangos, o nunlle bron, lle bynnag yr oedd o – tafarn neu ddawns neu sioe. Genod hardd, ac adeg honno mi oedd ganddyn nhw flodau yn eu gwalltiau, fel pe bai Blodeuwedd heb gribo petalau olaf y banadl melyn o'i gwallt cyn ei blethu'n weddus ar gyfer y llys. Roedd y chwedegau'n hwyr yn ein cyrraedd, ac fe wnaethon nhw lynu i ryw raddau hyd nes i *safety pins* a *Mohicans* ymlid yr olion olaf i ffwrdd.

Ond pan oeddan ni'n ein gwlâu a'r gwyddau'n hedfan yn y cylch golau ar wal y llofft, bach oeddan ni, a Myrddin oedd y dewin cryfaf. Wedi'r cwbl, fi oedd yr hynaf. Er fy mod i'n sâl yn amlach. Fe wellodd fy iechyd wrth i mi gyrraedd fy arddegau ac erbyn hynny, hyd yn oed pan oeddwn i'n sâl, fyddai Mam ddim yn ein diddanu efo cysgodion ar y pared.

Tydi Mam ddim yma rŵan wrth gwrs. Er fy mod i weithiau'n amau ei bod hi'n gwbod bod ei hogyn bach hi'n sâl. Mae hi mor agos â hynny ambell i bnawn. Ond tydi hi ddim yma i greu anifeiliaid y cysgodion a chreu straeon amdanyn nhw. Felly fi sy'n symud fy nwylo o flaen y lamp ac yn creu'r straeon ac yn fy niddanu fy hun. Diddanu fy hun i gadw fy meddwl yn glir o'r boen ac o'r ofn. Falla mai dyna oedd Mam yn ei wneud – cadw'r boen a'r ofn ymhell. Ei phoen a'i hofn hi llawn cymaint â phoen ac ofn Gwydion a finna. Nid dim ond pan fyddai un ohonom yn sâl y byddai'r cwningod yn neidio a'r gwyddau yn hedfan a'r carw dewr yn sefyll yn stond yn edrych ar yr heliwr yn agosáu. Byddent yn ymddangos pan fyddai 'nhad yn y Goat. Neu pan fyddai yn y Lion. Neu yn y Bryngwyn neu'r Darren Arms neu'r Tap.

Dyna pam y diflannodd y ddau ohonom cyn gynted ag oedd bosib. Diwrnod ola'r ysgol, diffodd y golau, ffwrdd â ni – sbonc a naid ac esgyn ar gerrynt o awyr gynnes ac yn ein blaenau gan guro'n hadenydd yn rhan o'r V fawr oedd yn nelu tuag at brifysgolion y dinasoedd. Fe aeth Gwydion ymhellach. Does yna neb, er yr holl ymchwil etholegol, yn gwirioneddol ddeall greddf *Anser albifrons*. Yr ysfa sy'n golygu eu bod yn codi ac yn gadael porfeydd gwelltog ein dyffryn ni a hedfan i'r Ynys Las, hedfan i rywle na ŵyr y cywion ar eu taith gyntaf am ei fodolaeth hyd yn oed. Dal a dal a dal i fynd wnaeth Gwydion, yn ffyddiog y byddai'r dyn a allai greu dynes newydd o ddim mwy na rhyw ychydig ddeiliach yn gallu creu bywyd newydd o radd a grym ewyllys ac o bosib cnegwarth o lwc.

Mi ddois i yn ôl. Ailymddangos yn yr hydref gyda'r gwyddau, er bod yna sawl hydref wedi bod a dim ond y gwyddau wedi cyrraedd yn clegar ac yn bawa ar y morfa. Ond yn ôl y dois i. Er bod bywyd yn braf ac nad oeddwn i wedi meddwl rhyw lawer am flynyddoedd am y llofft lle roedd y gwyddau yn hedfan yn dduon ar hyd y parwydydd, yn fy ôl y dois i. Y cyw a fegir.

Ac uffern oedd hi'n dal. Roedd o'n rhy fusgrell i gerdded i'r tafarnau pellaf, felly dim ond i'r Lion y bydda fo'n mynd, ond erbyn hynny mi oedd hi wedi dod yn llawn cyn rated i yfed yn tŷ. Ac os nad oedd yna nerth yn ei ddyrnau roedd ei dafod yr un mor front, ac roedd y dyrnau wedi gwneud eu gwaith dros y blynyddoedd fel nad oedd angen iddo'u defnyddio erbyn hynny beth bynnag. Hyd yn oed ar ôl iddo farw mi oedd eu cysgodion nhw yno. A doedd y cysgodion hynny ddim yn agor yn adenydd meddal.

'Be 'dach chi'n neud yn fama yn twllwch, Mr Evans?'

Ac fe ddaeth yr ofalwraig fach 'na i mewn fel storm a hel y llenni a gadael haul y bore i mewn i'r ystafell.

'Dyna well, yn de?'

Ac fe ddiffoddodd y lamp wrth erchwyn fy ngwely.

''Dach chi isio panad yn 'ych gwely? Neu 'dach chi am wisgo a chodi'n syth?'

A dw inna'n deud y cymra i baned yn fy ngwely oherwydd 'mod i'n ama'i bod hi'n licio cael amser hebdda fi i hwfro a gwneud beth bynnag mae hi'n wneud. Dw i'n eistedd yn glyd efo fy nhe yn gwrando arni bron bob bore. Ond chwarae teg iddi, mae'n rhoi cynnig i mi a ydw i isio codi'n syth neu beidio. Weithiau, ond ddim yn aml iawn, dw i'n deud y gwna i godi a chael fy mhaned yn y gegin. Bu bron i mi ddeud heddiw 'mod i awydd mynd lawr grisia i gael paned, er, nid mynd lawr grisia ydw i wrth gwrs – yn y parlwr bach mae'r gwely. Wnaeth Mam rioed greu anifeiliaid i'n diddanu ar barwydydd y parlwr bach. Prin oeddwn i a Gwydion yn cael dod yma. Prin oedd neb yn cael dod yma. A rŵan dw i a fy nghymôd yn halogi'r lle. Mi fyddai hi'n troi yn ei bedd. Petai ganddi fedd. Ac fe fyddai

Gwydion yn chwerthin nes ei fod o'n sâl. Petai o'n gwbod.

Mae'r hwfro a'r bangio yn peidio ac mae hi'n dod i mewn efo dysgl o ddŵr cynnes ac yn fy helpu i roi rhyw slempan frysiog fel nad ydw i'n drewi gormod, ac yn fy helpu i wisgo fel nad ydw i'n eistedd yn fy mhyjamas trwy'r dydd. Er, dw i'n meddwl weithia 'sa waeth i mi fod yn fy mhyjamas trwy'r dydd. Os dim byd arall mi fyddai'n sbarin i mi stryffaglu ar fy mhen fy hun i dynnu fy nillad ac ailwisgo'r pyjamas gyda'r nos. Dim ond unwaith y dydd mae'r Storm yn cyrraedd. Mi wnes i awgrymu'r peth unwaith.

'Mi allwn i aros yn fy mhyjamas, does dim rhaid i mi wisgo.'

Gafodd y syniad fawr o groeso.

'Mae o yn y contract, Mr Evans bach.'

Ac yna fel petai hi'n teimlo bod hynny'n ateb caled braidd mi ychwanegodd, 'A be tasa rhywun yn galw?'

Ac mae'n siŵr ei bod hi'n bosib y gallai rhywun alw. Petai rhywun yn galw fe allen ni gau y llenni a chynnau dwy lamp, ac fe allai'r blaidd ymlid yr hwyaden, fe allai'r sgwarnog rasio'r carw ac fe allai'r ŵydd gael cymar heb i mi orfod ei dychmygu. Mi wnes i ddychmygu cymar, cymar i mi fy hun, 'dach chi'n dallt, gymaint o weithiau. Ond doedd yna neb isio dod yma. Mi geisiodd Miriam esbonio wrtha i.

'Dw i'n gwbod mai dy rieni di ydyn nhw, Myrddin, ond mae'r awyrgylch...'

Ac allai hi ddim disgrifio'r awyrgylch, dim ond deud na allai hi fyw yma. Ac allwn innau ddim gadael. Mi wnes i roi fy nwrn trwy ffenest fach y toilet tu allan pan glywis i fod Miriam wedi priodi, ond yn y bôn mi oeddwn i'n falch. Isio iddi hi fod yn hapus. Ond mi gollais fy nhymer wedyn noson y briodas a'r hogia'n tynnu arna i 'mod i wedi colli dynas dda. Roedd Dei'r

Allt yn yr ysbyty am ddeuddydd ond chwarae teg iddo, wnaeth o ddim dwyn achos. Mi wnaeth y llall – y lembo Sais hwnnw ddudodd rwbath gwirion diwrnod cynhebrwng Mam a finna wedi mynd yn syth o'r crem i'r dafarn.

'Switch off that fucking light, Taffy,' oedd hi gan y boi mawr 'na efo dredlocs a gysgai yn y bync top pan oeddwn i'n trio diddanu fy hun efo cysgodion ar y pared. Roedd hi'n rhyw gysur i mi bod hwnnw'n dal â dwy flynedd i fynd pan wnes i adael ar ôl pedwar mis. O leiaf dwy flynedd.

Pan mae'r Storm yn gadael dw i'n codi ac yn cau'r llenni ac yn cynnau'r lamp wrth ochr fy nghadair. Ac mi ydw i'n agor y llyfr. Yng nghanol llyfrau Mam ges i hyd iddo fo, pan wnaeth Dad fy ngorfodi i'w llosgi. Roedd o mor fusgrell ag yr ydw i rŵan ond mi wnaeth fy ngorfodi i'w llosgi. Ond mi wnes i achub hwn. *Shadow Animals for Children.* Mi wnes i roi ffling iddo fo dros y clawdd a'i nôl o'r diwrnod wedyn, ac er ei bod hi wedi brigo doedd o ddim llawer gwaeth. Petawn i wedi gwrthod eu llosgi nhw am ryw bythefnos mi fyddwn i wedi gallu achub y llyfrau i gyd; dim ond hynny y buodd o fyw hebddi hi. A'r gweinidog ifanc newydd gwirion 'na yn deud rhywbeth am 'fynd i ganlyn ei annwyl briod i'r bywyd tragwyddol', a finna'n symud fy mysedd i greu siapiau yn y cylch coch a oedd yn dod trwy'r ffenest liw ac yn taro'r sêt o fy mlaen. Weithiau dw i'n meddwl y byddai'n ddifyr cael ffilters lliw, dim ond darnau syml o blastig, ar un o fy lampau fel bod pysgodyn yn gallu nofio mewn môr glas neu ŵydd yn gallu hedfan i ffwrdd i'r machlud.

A phetai hi'n hedfan i'r machlud, yn diflannu dros y gorwel coch ac oren, efallai na fyddai hi'n dod yn ei hôl. Efallai y byddai hi'n gallu diflannu fel Gwydion, diflannu a pheidio dychwelyd. Peidio gwthio ei ffordd yn ôl i'r tŷ yn ŵydd fawr flêr a mynnu, yn groes i bob rheswm, swatio yn y lludw cynnes. A pharhau i swatio yno hyd yn oed pan oedd y lludw wedi hen oeri am fod y cysgodion yn dal i hedfan o gwmpas y pedair wal heb fynd i nunlle byth.

Gwydriad o wisgi a stori

Dw i'n awdur llwyddiannus. Bydd fy seithfed nofel yn ymddangos mis nesaf, ac mae straeon ac ysgrifau gennyf yn dal i gael eu cyhoeddi'n eithaf cyson mewn cylchgronau. Efallai fod hynny'n berthnasol – y ffaith nad rhyw greadur od sydd ddim ond wedi sgwennu un stori ydw i.

Yn fuan iawn yn fy ngyrfa penderfynais un diwrnod 'mod i isio sgwennu stori erchyll. Stori fyddai'n codi gwallt eich pen chi, yn eich cadw'n effro'r nos ac yn gwneud i chi ddifaru eich bod chi rioed wedi prynu'r blydi cylchgrawn 'na. Ugain mlynedd ar ôl i chi ei brynu 'sach chi'n dal i ddifaru oherwydd fe fyddai'r llun y llwyddais i'w greu yn eich dychymyg yn dal i ymddangos ar adegau. Fyddai ond angen i chi weld dyn ychydig yn wargrwm, ychydig byrrach na'r cyffredin, neu wrth gwrs bâr o esgidiau cochion heb eu criau ac fe fyddai'r ias a'r ofn yn dechrau...

Mae'r stori honno'n bod ond chewch chi mo'i darllen hi. Efallai na fyddai'r golygyddion, er mor fentrus oeddan nhw a'r cylchgrawn yn newydd, wedi'i chyhoeddi beth bynnag. Ond mi wnes i ei sgwennu hi. A'i hargraffu (rhag ofn i dechnoleg newid, ac fe wnaeth, wrth gwrs). A'i rhoi mewn drôr. A phob rhyw ddwy neu dair blynedd byddwn yn ei thynnu o'r drôr, yn yfed joch reit dda o wisgi, ac yn ei darllen. Ei darllen yn ddistaw wrtha i fy hun. Does gen i neb i wrando ar fy storïau. Ddim bellach.

Dyna pam ges i gymaint o sioc neithiwr. Mi oeddwn i wedi tywallt y wisgi i'r gwydryn. Jura, pymtheg oed; roedd ei bris o wedi'i ostwng yn yr archfarchnad. Ta waeth, tydi hynny ddim yn berthnasol; roedd y wisgi yn y gwydryn a'r stori ar y bwrdd. Roeddwn i'n credu bod y drws wedi'i gloi ond mae'n rhaid nad oedd o. Tasa'r drws wedi'i gloi fysa fo ddim wedi gallu dod i mewn, yn na fysa? Os nad oeddwn i wedi anghofio cau ffenest y lle chwech. Neu os nad...

'Well i chi gael hwn yn ôl, gan 'mod i wedi dod yma.'

Ac yna dyma'r dyn diarth, dyn nad oeddwn i wedi'i weld erioed, yn gosod sgarff ar y bwrdd o fy mlaen. Sgarff tebyg i un yr oeddwn i wedi'i golli flynyddoedd yn ôl. Eisteddodd y dyn yn y gadair arall wrth y bwrdd, gyferbyn â fi. Roeddwn i heb ddweud gair.

'Dw i ddim wedi colli'r dechra, yn naddo?' gofynnodd. Mi oedd o'n gwrtais, doedd yna ddim byd bygythiol amdano. Nid o ran corffolaeth nac o ran ystum. Efallai mai dyna pam wnes i ddim gweiddi, ddim cythru am y ffôn, â dyn dieithr yn eistedd yn fy nghegin. Ac mi oeddwn i wedi cloi'r drws, felly...

Roedd o'n eistedd yna'n amlwg yn disgwyl i mi ddechrau darllen. Estynnais am y sgarff ac edrych yn fanwl arno. Ia, fy hen un i oedd o.

'Lle gawsoch chi hwn?'

'Mi oeddwn i y tu ôl i chi. Ond mi ydw i wedi bod y tu ôl i chi y rhan fwyaf o'r amser, wrth gwrs.'

Oedodd am ennyd ac yna ychwanegu, 'Fi a'r lleill.' Bron nad oedd o fel petai am fod yn deg, ddim isio i mi feddwl ei fod o'n bwysicach na'r lleill. Pwy bynnag oedd y lleill. Cymerais joch reit dda o'r wisgi.

'Isio clywed y stori 'dach chi?'

'Ia. Dw i'n sylweddoli nad ydi hyn yn arfer digwydd, mai fi ydi'r unig un mwya tebyg, ond...'

Roedd o'n ymddiheuro am rywbeth, ond wyddwn i ddim be. Edrychais arno'n fwy gofalus. Roedd ganddo lygaid gleision. Mae llygaid gleision i fod yn llawn direidi ac yn llawn cariad. Ond doedd yna ddim byd ond tristwch ac ofn yn y rhain. Fel petai 'na ddim byd ond tristwch ac ofn wedi bod ynddynt erioed bron.

'Adawa i lonydd i chi ar ôl i mi glywed y stori,' meddai, ac yna eistedd yno'n dawel a disgwylgar. Doedd gen i ddim dewis rywsut. Dechreuais ddarllen yn uchel. Doeddwn i ddim wedi darllen y stori'n uchel erioed o'r blaen, roedd ei darllen hi'n ddistaw wrtha fi fy hun yn ddigon drwg.

Dechreuais yn betrus. Tydw i ddim yn un da am ddarllen fy ngwaith yn uchel. Mae'n gas gen i wneud mewn lansiadau a ballu. Dw i'n teimlo'n ffuantus, fel pe bawn i'n trio fy ngorau i wneud i rwtsh swnio'n well nag ydi o. Awdur ydw i, nid dramodydd nac actor. Ond mi oedd gen i gynulleidfa ddelfrydol neithiwr.

Gwrandawai'r dyn yn astud, ond gan anadlu'n sydyn weithiau wrth i mi gyrraedd darn arbennig o erchyll o'r stori. Er nad oeddwn yn edrych arno gallwn ei deimlo'n fferru wrth i mi gyrraedd y darn yn y stori lle mae'r dyn yn dechrau toddi, yn dechrau datgymalu, yn dechrau diflannu. Y darn lle mae'n rhaid iddo gael gafael ar rywbeth diriaethol i'w glymu, yn llythrennol ei glymu, wrth y byd hwn. Mae o'n deall bod rhaid iddo gael gafael ar gortyn neu raff neu rywbeth felly. Er mai fi sgwennodd y stori tydw i ddim yn siŵr iawn be sy'n digwydd iddo fo. Hanner ffordd trwy'r darn yna mi oeddwn i mor ymwybodol bod y dyn oedd yn eistedd gyferbyn â fi'n cael ei ddychryn i'r byw nes i mi dewi ar ganol brawddeg.

"Dach chi isio i mi stopio?"

'Oes. Nag oes. Daliwch ati. Mae'n rhaid i chi ddal ati. Mae'n rhaid i mi ei chlywed hi i gyd.'

Tywalltais fwy o wisgi i mi fy hun. Oedais am ennyd ac yna cynnig wisgi i'r dieithryn. Wnaeth o ddim ateb, dim ond ysgwyd ei ben. Ailddechreuais ddarllen, er fy mod, fel bob tro cynt pan oeddwn yn darllen y stori, yn casáu gwneud. Roeddwn wedi cyrraedd y darn lle dw i'n disgrifio'r boen. Y boen gorfforol wrth gwrs, ond hefyd y boen feddyliol wrth i'r cymeriad sylweddoli y gall fod yn gadael pawb a phopeth, a sylweddoli popeth arall hefyd, sylweddoli...

Edrychais ar y wyneb gwelw gyferbyn â fi. Roedd dagrau'n powlio'n ddistaw i lawr ei fochau. Oedais eto, ond gwnaeth ryw ystum bychan brysiog â'i law i fy annog i ddal ati i ddarllen. Llyncais fwy o wisgi ac ailddechrau. Er bod y darn mwyaf erchyll o'r stori i ddod roeddwn yn tynnu at y terfyn. Dim ond y darn lle mae'r prif gymeriad yn datod ei griau ac yn eu tynnu'n rhydd o'i esgidiau, yr esgidiau cochion yr oedd o'n meddwl y byd ohonynt, oedd ar ôl. Mae o angen y criau er mwyn trio rhwystro'r peth, y peth 'na sy'n... Ac yna ar ôl hynny roedd diwedd y stori. Y diwedd lle nad ydi dewrder na chriau sgidiau na dim byd arall yn gallu ei achub. Wrth i mi ddweud y geiriau olaf daeth ochenaid o ochr arall y bwrdd.

Mi wnes i hanner gwenu ar y dyn ar ôl gorffen, ac yna rhythu mewn syndod ar fy ngwydryn gwag. Doeddwn i ddim yn cofio gorffen y wisgi. Tywalltais ryw fodfedd arall i'r gwydryn, ac fe gododd y dieithryn ar ei draed a dechrau cerdded i ffwrdd. Wrth iddo anelu at y drws, fel petai'n mynd i adael heb ddweud gair, mae'n baglu. Dw i'n edrych i lawr, yn meddwl efallai ei fod wedi baglu dros rywbeth yr oeddwn i wedi'i adael ar y llawr, ac adeg honno dw i'n gweld ei esgidiau. Esgidiau cochion heb griau.

Mae o bron â chyrraedd y drws. Dw i'n codi ar fy nhraed.

'Arhoswch.'

Mae o'n oedi am ennyd ond yna'n dal ati i gerdded oddi wrtha i.

'Arhoswch,' medda fi eto. 'Plis.'

Dw i'n codi, yn camu tuag ato, yn meddwl gafael yn ei fraich, ac eto...

Mae o fel petai o'n cofio am ennyd bod angen bod yn gwrtais ac mae'n troi tuag ata i.

'Diolch,' medda fo. Ddim mwy na hynny.

'Pwy ydach chi?'

Mae'r hanner gwên drist 'na yn ymddangos eto.

''Dach chi'n gwbod pwy ydw i.'

Ac mi ydw i'n sylweddoli fy mod i wrth gwrs yn gwbod pwy ydi o. Wedi'r cyfan fi greodd o. Am wn i.

'Ocê, ocê. Ddim pwy. Pam?'

'Oherwydd bod angen ein rhyddhau ni.'

'Ni?'

'Fi a'r cymeriadau eraill yn y stori. Mae hi'n stori dda gyda llaw. Efallai y bydden nhw wedi'i chyhoeddi hi. Petaech chi wedi'i hanfon hi atyn nhw.'

Dw i'n sylweddoli, os gall o ymddangos yn fy nhŷ, y gall rhai o gymeriadau eraill y stori ymweld â fi, ac mae'r syniad yn gwneud i mi deimlo'n sâl. Bron nad ydw i'n cyfogi. Wedi'r cyfan, hwn, â'i ymdrech ofer i achub ei hun â chriau sgidiau, oedd y boi da. Mae'n rhaid bod fy ofn yn amlwg ar fy ngwyneb, ac mae o fel petai o'n gallu darllen fy meddwl.

'Mae popeth yn iawn. Ddaw 'na neb arall i ymweld â chi.

Mi ydan ni i gyd yn rhydd rŵan. Mi alla i deimlo hynny.'

Mae o'n amlwg ar bigau drain i adael, ond dw i angen gwybod mwy.

'Plis? Dw i ddim yn deall.'

Mae o fel petai'n esbonio wrth blentyn. Plentyn dwl. Plentyn sydd wedi trio gwneud rhywbeth na ddylai plentyn ei wneud.

''Dan ni mewn limbo, mewn purdan, rwbath felly. 'Dan ni'n gaeth i'r awdur. Doeddan ni ddim yn siŵr os byswn i'n cyfri, gan fy mod i yn y stori, ond roedd rhaid trio...'

Dw i dal ddim yn siŵr ydw i wedi deall ei esboniad. Yn fras – ac ydw, dw i'n gwbod bod hyn yn swnio'n hurt bost, ond doeddach chi ddim yna neithiwr – mae cymeriadau yn gaeth i awdur hyd nes bod darllenydd neu wrandäwr wedi'u rhyddhau. I'r rhai sydd mewn stori neu nofel orffenedig mae'n brofiad ofnadwy. Maent yn gaeth i'r hyn oedd ym meddwl y sgwennwr am byth, yr union weithredoedd hynny, yr union deimladau hynny. Drosodd a throsodd a throsodd.

Wnaeth o ddim ymhelaethu ynglŷn â'r profiad. Doedd dim angen ymhelaethu wrtha i, yn nag oedd? Y cyfan wnaeth o oedd gwenu arna i am y tro olaf, a cherdded, a'r sgidiau yn fflit-fflatian yn union fel y gwnes i eu disgrifio, allan trwy'r drws a'i gau ar ei ôl.

Falla 'mod i'n hen ddyn sy'n drysu ac yn yfed gormod o wisgi. Neu falla ddim. Ac mi wnes i deimlo'n euog am ychydig. Ond heno dw i wedi sgwennu stori am ddyn a chanddo griw o ffrindiau difyr a thriw, triw hyd at angau. Ac wedi'i rhoi mewn drôr. Ac wedi gorffen y botel Jura.

Y dosbarth celf

Mi oeddan ni'n gosod ein hunain mewn cylch. Rhai'n eistedd, rhai'n sefyll. Ac fel gwartheg mewn beudy mi oedd pob un ohonom yn mynd i'r un lle bob wythnos. Waeth pa drefn roeddan ni'n dod trwy'r drws mi oedd pawb yn mynd i'r un lle ag yr oedd o wedi bod yr wythnos flaenorol. Fuodd yna rioed drafodaeth ynglŷn â phwy oedd yn mynd i lle. Mae'n siŵr mai hap a damwain oedd hi'r wythnos gyntaf honno, ond ar ôl hynny mi oeddan ni'n mynd i'r un lle. Ar y llaw dde i mi oedd Gertrude ac i'r chwith i mi oedd Dafydd, ac yn union gyferbyn â mi oedd Bethan. Byddai Daniel, yr Artist, y Tiwtor, yr Un Sydd yn Deall Celf, yn cerdded o gwmpas y tu ôl i ni yn gwneud sylwadau am ein gwaith. Ac yn y canol roedd person noethlymun. Dyna pam roedd yr ystafell yn gynnes. Mi gwynodd yr hogan gyntaf. Ac mi oedd ganddi bob hawl i wneud, chwarae teg iddi hi – mi oedd y greaduras yn groen gŵydd i gyd. A tydi croen gŵydd ddim yn beth hawdd i dynnu'i lun.

Y llynedd mi oeddwn i wedi mynd i ddosbarth nos Sbaeneg a'r gaeaf cynt Tecstiliau Creadigol. Doedd hwnnw ddim cweit yn wnïo a ddim cweit yn weu a ddim cweit yn nyddu, a wnaeth Stan ddim gadael i mi hongian y gwaith wnes i ar y wal.

'Be ydio?'

A doedd gen i ddim ateb call, er 'mod i'n hoff iawn ohono

fo, a'r tiwtor a phawb arall yn y dosbarth yn ei licio fo. Fysa 'na ddim pwrpas deud rhwbath ynglŷn â'r lliwiau'n gwenu ond y siapiau'n crio wrth Stan.

'Os ti ddim yn gwbod be ydio fedri di ddim 'i roi o lle medrith pobl ei weld o. Be tasa rhywun yn gofyn 'Be ydio, Lynne?' fatha dw i wedi neud rŵan a chditha'n sefyll yna fel *goldfish*?' Dw i wedi'i gadw fo mewn bag ar dop y wardrob. Y gwaith tecstiliau, nid Stan. Go brin 'sa 'na fag digon mawr, wedi meddwl. Roedd well ganddo fo pan oeddwn i'n mynd i ddysgu Sbaeneg. Fo helpodd fi i benderfynu rhwng hwnnw ac Almaeneg. 'Ti ddim isio dysgu *German*. Ond falla awn ni'n ôl i'r lle 'na, enw fatha'r caffi coffi newydd 'na. A gei di helpu pan tydyn nhw ddim yn dallt petha.'

Doedd Stan ddim yn gwbod 'mod i'n treulio pob nos Fawrth yn edrych, yn edrych yn fanwl, ar bobl heb ddillad. Roeddwn i'n ama na fysa fo'n licio hynny chwaith. Roedd o'n gwbod 'mod i'n mynd i ddosbarth celf, dosbarth tynnu llunia, ac mi oeddwn i wedi deud bod 'na rwbath yn y canol a phawb yn eistedd o gwmpas mewn cylch yn tynnu ei lun.

'A phawb yn trio am y gora i neud llun sy'n debyg i be sydd wedi cael ei osod yn y canol, ia?'

Ac mi wnes i nodio. Ond wnes i ddim deud wrtho fo be oedd y rhwbath, na thrio esbonio nad oes yna unrhyw elfen o gystadleuaeth. Nid 'mod i'n deud celwydd wrtho fo. Wnaethon ni jest ddim trafod y peth. Wn i ddim be 'dan ni'n ei drafod ddeud gwir. Trafod be 'dan ni'n mynd i neud ar fore dydd Sul falla – y ganolfan arddio neu B&Q, neu be i gael i fyta ar nos Wener – Chinese 'ta Indians. Nid fod 'na drafod ynglŷn â phethau felly chwaith. Mae Stan yn deud a dw inna'n cyd-weld. Ydi hynny'n drafod?

Argol, mae hyn i gyd yn gwneud i mi swnio'n llipryn diniwad, tydi? Falla 'mod i. Mi oeddwn i'n ama rhyw nos Fawrth chydig wythnosa'n ôl fod Daniel yn meddwl 'mod i'n dipyn o lipryn.

'Reit, Lynne,' medda fo gan afael yn fy mrwsys paent i gyd. Edrychodd arnyn nhw a rhoi dau yn ôl yn y potyn a chadw'r lleill allan o 'nghyrradd i ar ei fwrdd o. Roedd y ddau roddodd o'n ôl yn y potyn yn berffaith lân oherwydd nad oeddwn i wedi'u defnyddio nhw. Be allwn i ei wneud efo brwsys bras felly?

'Reit, Lynne,' medda fo eto, 'gawn ni weld be fedrwch chi ei wneud efo'r ddau frws yna.'

Mi oeddwn i isio dadlau, isio deud mai dynas sydd yn gweithio efo'r brwsys main oeddwn i. Ond fel 'dach chi wedi'i ddallt falla, tydw i ddim yn un dda iawn am ddadla. Ac mi wenodd Daniel mor annwyl arna i, ac roedd hi'n anoddach byth dadlau ar ôl hynny. Mi wnes i drio defnyddio ochr y brwsys i ddechrau, trio gwneud llinellau main efo'r ochr. Ond doedd hynny ddim yn gweithio'n dda iawn. Doedd gen i ddim rheolaeth iawn felly, ac mi oedd coes y dyn o fy mlaen yn edrych yn llai tebyg byth i'w goes o. Dyn canol oed oedd o a doedd hi ddim yn goes arbennig o luniaidd beth bynnag, ond doeddwn i ddim isio fo feddwl mai coesau hyll oedd ganddo fo, a doeddwn i ddim isio fo feddwl 'mod i'n bwrpasol yn gwneud i'w goesau o edrych yn hyll oherwydd nad oeddwn i yn ei licio fo. Wyddwn i ddim a oeddwn i'n ei licio fo neu beidio – mi oedd o wedi deud helô wrth bawb pan gerddodd i mewn a thynnu ei ŵn gwisgo, ond ddim mwy na hynny. A falla na fysa fo'n edrych ar fy llun i. Roedd ambell i fodel yn edrych ar y lluniau ar y diwedd, ond roedd y rhan fwyaf ohonyn nhw yn gadael yn syth – sgythru i ffwrdd i wisgo a dychwelyd i'w bywydau go iawn, y bywydau lle na fyswn i'n eu nabod nhw oherwydd bod jîns a ffrogiau a sgidiau a chrysau yn gwneud i bobl edrych mor wahanol. Go brin y byswn i'n torri gair efo fo byth eto, felly be oedd o ots sut lun y byswn i'n ei wneud? Ac os nad oeddwn i'n gallu dadlau efo Daniel mi allwn i o leia ddangos iddo fo mai dynas brwsys main oeddwn i. Nid fel Gertrude a oedd yn taflu paent ar ei phapur fel petai hi'n dial arno fo am rwbath. Dechreuais ddefnyddio ochr lydan y brws, y lleiaf o'r ddau roedd Daniel wedi'i adael i mi, ond mi oedd o dal yn llydan iawn.

A daeth rhyw gythral drosta i. Os oeddwn i'n mynd i orfod gweithio efo brws gwirion 'sa waeth i mi weithio efo lliw gwirion. Felly dyn piws blêr oedd ar y papur erbyn y diwedd. Dyn piws blêr yn estyn am ei ŵn gwisgo oherwydd 'mod i wedi'i weld o'n gwneud hynny er nad oedd o wedi gwneud eto. Mi oeddwn i mor sicr bod y creadur isio i'r dosbarth ddod i ben fel fy mod i'n ei weld o'n paratoi i adael. Neu falla mai fi oedd isio i'r dosbarth ddod i ben. Ond, yn od iawn, mi oedd siâp ei goes o'n dda. Mi oeddwn i, hyd yn oed, yn gallu gweld hynny.

'Da iawn, Lynne,' meddai Daniel.

'Less restrained than usual,' meddai Gertrude.

'Bril, Lynne,' meddai Dafydd.

Ac fe gerddodd Bethan rownd o ochr arall y cylch i edrych, a gwenu, a gwneud rhyw sŵn bach cadarnhaol yn ei gwddw. Ond ddudodd hi ddim byd. Mae Bethan yn ddistawach na fi. Wnaeth y dyn piws ddim dod i edrych ar y lluniau. Ac mi es i adra at Stan. Mae o'n aros adra ar nos Fawrth ac yn golchi llestri a hwfro. Roedd hynny'n rhan o'r trefniant hefyd, yn rhan o'r fargen. Mi ddyla 'mod i wedi bargeinio'n galetach falla. Ond ar y pryd, bum mlynedd yn ôl, mi oeddwn i'n meddwl 'mod i'n bod yn ddewr iawn, yn feiddgar iawn.

'Ocê,' medda fi adeg honno, 'wna i ddim dy adael di os ga i un noson allan ar fy mhen fy hun a chditha aros adra.'

'A be wna i adra?'

'Golchi llestri, hwfro,' medda fi heb feddwl llawer, dim ond am mai dyna'r pethau cyntaf ddaeth i 'meddwl i. A dyna'r unig bethau mae o wedi'u gwneud. Ond dw i'n gwbod y bydda i'n dod adra ar nos Fawrth, o ba bynnag ddosbarth nos dw i wedi bod iddo, ac y bydd pob modfedd o'r tŷ wedi'i hwfro ac y bydd pob llestr, gan gynnwys y llestri sydd ar y ddresal a sydd byth yn cael eu defnyddio, wedi'u golchi. Tydi o byth yn gwneud dim byd arall. Os oes yna unrhyw beth wedi'i adael ar y llawr mae o'n gwneud un o ddau beth – hwfro o'i amgylch neu ei godi, hwfro odano fo, a'i osod yn ôl lle roedd o. A tydi golchi llestri ddim yn cynnwys sychu topia'r cypyrddau yn y gegin. Mae'n siŵr bod gen i le i ddiolch ei fod o'n cynnwys sychu llestri, a'u cadw.

Roedd o'n cysgu ar y soffa o flaen y teledu pan ddois i adra'r noson honno, y noson y gwnes i'r llun efo'r llinellau llydan piws. Wrth ei draed roedd potel gwrw wag a photel gwrw hanner gwag. Codais y ddwy botel gan osod yr un wag yn y bin ailgylchu a'r un hanner gwag ar y bwrdd coffi wrth ei ymyl rhag ofn iddo'i chicio wrth ddeffro. Ond wnaeth o ddim deffro'n syth. Edrychais arno am yn hir. Yn wahanol i'r dyn yng nghanol y cylch allwn i ddim gweld siâp ei gorff yn iawn – roedd y cyhyrau a'r esgyrn ynghudd o dan ei jîns a'i jersi. Yr unig le lle roedd ei groen i'w weld oedd ei ddwylo a'i wyneb. Roedd o'n dal i gysgu. Tynnais bapur o fy mag ac ymbalfalu am fy mhensel ond doedd hi ddim yno. Ond roedd yno becyn bychan o siarcol. Doeddwn i ddim wedi ei ddefnyddio erioed, doedd ei flerwch a'i fudreddi ddim yn apelio ata i. Ond gan nad oedd gen i ddim byd arall, ac nad oeddwn i isio ymbalfalu mewn drôrs, ac o bosib ddeffro Stan, fe fyddai'n rhaid i'r siarcol neud y tro. Tynnu lluniau o'i ddwylo wnes i. Gan mai fi oedd yr unig un yna roedd posib i mi symud o gwmpas a thynnu llun ohonynt o sawl ongl wahanol. Fi oedd Gertrude a Dafydd a Bethan a phawb arall yn y cylch. Cyn i Stan ddeffro mi oeddwn i wedi chwistrellu *hairspray* ar y lluniau i'w gwarchod ac wedi'u cadw o'r golwg. Diolchais iddo am hwfro a golchi llestri. Mi es i â'r lluniau siarcol efo fi i'r dosbarth yr wythnos wedyn. Wn i ddim be oedd yn plesio Daniel fwyaf – y lluniau eu hunain neu'r ffaith 'mod i wedi gwneud gwaith celf y tu allan i oriau'r dosbarth. Ta waeth, roedd angen dewis darnau ar gyfer ein harddangosfa ddiwedd tymor ac fe ddewiswyd y lluniau siarcol o ddwylo Stan. Roedd Daniel yn hollol bendant bod rhaid eu cynnwys. Gosodwyd nhw mewn fframiau syml a'u crogi ar wal y neuadd rhwng gwaith Gertrude a gwaith Bethan. Wnes i ddim sôn wrth Stan am yr arddangosfa ond fe glywodd rywsut gan rywun. Doedd o ddim wedi clywed mewn pryd i ddod i'r agoriad swyddogol ond, er mawr syndod i mi, fe aeth ar ei ben ei hun i'w gweld hi ryw noson ar ei ffordd 'nôl o'r gwaith. Pan ddaeth o adra roedd ganddo fo rywbeth i'w ddeud am waith pawb. Fel 'sach chi'n disgwyl roedd o'n canmol gwaith Bethan ac yn feirniadol iawn o waith Gertrude. Roedd y cyrff noeth wedi ei synnu braidd ac mi oedd o awydd fy nghanmol am fy mod i wedi dewis peidio tynnu lluniau o'r cyrff cyfan heb ddillad. Ond wnaeth o ddim adnabod ei ddwylo'i hun.

Trwy'r lens

Arogleuon fy mhlentyndod ydyn nhw, arogleuon y cemegau, arogleuon rhannu cyfrinach efo fy nhad. Fo a finna mewn ystafell fechan dywyll.

'Sbia ar hwn. Mi ddaw. Mi ddaw. Bydd amyneddgar.'

Ac fe fyddai cysgodion fel atgof yn ymddangos, cysgodion o'r hyn oedd i ddod. Ac yna llun. A finna'n edrych ar fy ngwyneb fy hun, fy nghorff fy hun, yn ymddangos ar y papur oedd yn nofio yn yr hylif yn y ddysgl blastig fas. Ac yntau'n gafael ynof gyda gefail, rhag baeddu ei fysedd, rhag fy mrifo, wn i ddim pa un. Ond byddai yn fy nghodi gyda'r efail a'm gosod i grogi fel dillad ar lein uwchben y fainc.

Dim ond wedyn, ar ôl iddyn nhw sychu, y byddai fy mam a fy chwaer yn cael gweld y lluniau. Efallai mai dyna pam dw i'n dal yn hoff o ddefnyddio ffilm go iawn ac yn dewis datblygu fy lluniau fy hun. Fi bia nhw. O'r ennyd y daw'r golau trwy'r twll crwn at y lens ac yn ei flaen ar ei daith i greu'r llun gorffenedig y fi bia'r cyfan, neb ond fi. Ac mae angen deall y daith – deall taith y golau er mwyn rheoli taith y golau. Maint y twll a chysylltiad hynny efo dyfnder ffocws mewn llun. A'r amser mae hi'n gymryd i'r *shutter* agor a chau – mor, mor sydyn, ond mae'n bosib ei fesur, mae'n rhaid ei fesur. A sawl peth arall sydd rhaid ei ddeall.

'Dad, os ydi'r lens yn grwn pam fod y llun yn hirsgwar?'

Ac fe geisiodd esbonio. Crwn ydi'r llun ond tydi'r ochrau ddim cystal ansawdd, oherwydd bod y golau sy'n mynd i fanno yn cael ei stumio'n fwy na'r golau sy'n taro'r canol – felly mae'n well hepgor yr ochrau. Ac mae 'na resymau ymarferol dros gael llun hirsgwar – mae'n haws creu ffilm a chreu corff camra yn sgwâr yn hytrach na chrwn. Felly darn hirsgwar wedi'i dorri o ganol y llun crwn ydi'r llun 'dan ni'n ei weld. Mi oeddwn i'n deall ar y pryd. Dw i'n gobeithio 'mod i wedi'i ddeall ddigon da, ac wedi cofio'r esboniad ddigon da, i allu'i esbonio rŵan. Rŵan, ddegawdau wedyn.

Go brin y bysa fo'n gallu esbonio i mi erbyn hyn. Mae hi'n ddiwrnod da pan mae o'n cofio fy enw, pan nad ydi o'n credu mai Mam ydw i. Ac weithiau mae hi'n dod efo fi ac mae o'n meddwl mai fy chwaer ydi hi. Tydi hi ddim yn dod yn aml. Mi gwffiodd rhag ei roi mewn cartref tan y diwedd un. Mynnu eu bod nhw'n iawn er ei fod o'n crwydro ganol nos, er ei fod o'n piso yn y *dishwasher*. Ond unwaith yr aeth o mae hi fel petai hi wedi anghofio amdano fo. Weithia dw i'n ama ei bod hitha'n dioddef o'r un aflwydd. Nag ydi, yn ôl y doctor.

'Felly jest bod yn hen ast mae hi,' meddai fy chwaer sydd yn byw yng Nghaeredin ac yn brysur. Prysur iawn. Medda hi.

Pan es i yno i'w weld o y diwrnod o'r blaen roedd 'na rywun wedi bod yn gwneud gwaith celf efo nhw. Mi oedd o wedi ymuno â'r gweithgaredd am chydig ond yna wedi mynd yn ddiamynedd.

'Peidiwch â phoeni,' medda'r hogan ifanc ar ei glinia, 'mae o'n golchi i ffwrdd reit hawdd. A beth bynnag, mae o bron 'run lliw â'r carped!'

Doedd fy nhad, na'r artist, fel petaen nhw'n poeni rhyw lawer.

'Mi ddudodd fod o'n hoffi llunia,' meddai'r artist. Roedd

yna rywbeth cyhuddgar yn y ffordd y dwedodd o hynny, ond doeddwn i ddim yn siŵr pwy oedd yn cael ei feio am be. 'Mi ddudodd bod ei lunia fo ar y waliau adra, a bod 'na bobl yn prynu ei lunia.'

Mi oeddwn i'n cael fy herio i wadu'r stori neu ei chadarnhau. Gallwn honni ei fod o'n ffwndro, nad oedd yna unrhyw anian artist wedi bod ynddo fo erioed, ac o leia wedyn efallai na fyddai 'nhad yn cael ei boeni eto gan y dyn yma efo'i baent plant a'i botiau *glitter.*

'Ffotograffau,' meddwn i.

'Mae llunia'n help i brocio'r cof,' meddai aelod arall o'r staff a oedd wedi ymuno â ni erbyn hynny. 'Yn enwedig llunia o'r teulu, llunia gwylia a phetha felly.'

'Wankers,' medda 'nhad. Ond gymerodd neb unrhyw sylw ohono fo.

'Charing Cross Road,' medda fo wedyn. Ond anwybyddwyd hynny hefyd.

Y tro wedyn mi ddois i â fy nghamra efo fi yno. Wn i ddim pam nad oeddwn i wedi gwneud cynt ddeud gwir. Dw i'n mynd â fo i bob man arall. Ond doeddwn i ddim wedi mynd â fo efo fi i'r cartref o'r blaen. Llwyddais i dynnu ychydig luniau o 'nhad cyn iddo weld 'mod i wedi cyrraedd. Neu o leiaf mi oeddwn i'n credu 'mod i wedi llwyddo. Ond pan steddais ar y gadair wrth ei ochr mi ofynnodd i mi a oeddwn i wedi cynnwys yr hen wraig a oedd yn eistedd gyferbyn â fo yn y llun. Dywedais nad oeddwn i.

'Call iawn.'

Estynnodd ei law am y camra, ac er i mi betruso am eiliad – mi oedd o'n gamra drud – mi rois i o iddo. Wnaeth o ddim byd, dim ond gafael ynddo, teimlo ei bwysau a gofyn pa ffilm oedd gen i ynddo fo. Wnaeth o ddim hyd yn oed ei godi at ei lygad ac edrych trwy'r lens.

"Dach chi ddim isio tynnu llun?"

Ysgydwodd ei ben.

'Ddim eto,' medda fo. A wyddwn i ddim ai dweud oedd o nad oedd am dynnu llun byth eto, neu ddweud nad oedd o cweit yn barod i wneud. Pa un bynnag oedd o'n ei olygu, os oedd o'n golygu unrhyw beth, y cyfan wnaeth o oedd eistedd yno a'r camra'n gorffwys ar ei lin a'i law'n gorffwys ar y camra. Mi oeddwn i wedi gobeithio y byddai'r camra wedi ysgogi sgwrs.

"Dach chi'n cofio'r ystafell dywyll?"

Ond atebodd o ddim, ac mi oedd o'n hollol hapus i roi'r camra'n ôl i mi pan wnes i godi i fynd. Bron na fyddwn i wedi licio iddo fo ddal ei afael arno, gwrthod ei roi i mi, mynnu mai ei gamra fo oedd o. Duw a ŵyr lle roedd ei gamra fo. Mi oeddwn i wedi holi Mam ond doedd hi ddim yn gwbod. Ond mi oedd hi'n cofio bod yna albyms a bocsys o luniau yn y sbensh.

'Ga i fynd â nhw i ddangos i Dad?'

'Fo bia nhw. Ti isio panad?'

Wnes i ddim mynd â'r cyfan efo fi, ond yn hytrach dewis rhyw ugain llun. Dewis rhai yr oeddwn i'n cofio eu gweld yn ymddangos yn yr ystafell dywyll wnes i. Roedd waeth i mi ddewis felly ddim. Roedd sawl un yn lluniau ohona i – rheini fwy na dim oeddwn i'n cofio'u gweld yn cael eu datblygu yn y golau coch. Ond doedd o ddim fel petai o'n cysylltu'r plentyn yn y llun efo'r ddynas o'i flaen. Eu trafod nhw fel lluniau wnaeth o – trafod golau, trafod sut roedd gwrthrychau wedi'u lleoli, pethau felly. Mi oedd o'n canmol rhai lluniau ac yn hynod feirniadol o rai eraill. Ond doeddwn i ddim hyd yn oed yn siŵr a oedd o'n sylweddoli mai fo tynnodd nhw. Ta waeth, roedd o'n cael pleser o'u symud o gwmpas ar y bwrdd bach ger ei gadair.

Ond wrth i mi ddechra'u casglu at ei gilydd mi ddechreuodd sôn amdano fo'i hun.

'Doedd ganddi ddim llawer o fynadd efo fi a tynnu llunia, 'sti.'

'Pwy?'

'Ann.'

'Mam?'

Mi oeddwn i'n cofio Mam yn hynod gefnogol ohono ac yn llawn diddordeb yn ei luniau. Chwerthin wnaeth o.

'Ddim dy fam di siŵr!'

Chwiliodd am lun yng nghanol y rhai ar y bwrdd.

'Mam honna,' medda fo, gan bwyntio at lun ohona i pan oeddwn i tua saith oed. 'Mam Carys. Doedd hi ddim yn licio 'mod i'n gwario pres ar ffilm.'

'Ddim Carys ydi honna. Fi ydi honna. Fi, Bethan, chwaer Carys. Mae ganddoch chi ddwy ferch a fi ydi Bethan. Fi oedd yn defelopio llunia efo chi. 'Dach chi ddim yn cofio? Trïwch gofio!'

Maen nhw'n deud wrthan ni i beidio siarad fel'na efo nhw. Rhaid derbyn eu realiti nhw. Wnaeth o ddim atab, dim ond gorffen hel y lluniau at ei gilydd gan gymryd hydoedd i'w gosod yn daclus naill ar ben y llall â chorneli'r darnau papur hirsgwar yn cyd-fynd yn union. Rhedodd ei fys o amgylch pedair ochr pob llun wrth wneud.

'Sori, Dad.'

Wn i ddim a glywodd o fi, ond mi drodd ata i a gwenu'n glên.

'Mae hwnna'n gwestiwn da, pwt,' medda fo. 'Ti'n gweld, mae'r llun, y llun gwreiddiol fel petai, yn grwn fel y lens, ond mae'r ochra wedi stumio chydig, felly'r llun hirsgwar ydi'r darn sydd yn glir yng nghanol y cylch.'

Rhoddodd ei law yn ysgafn ar fy moch am eiliad.

'Y sgwaryn o ganol y cylch ydi'r llun go iawn.'

Llestri

'**W**yt ti isio rwbath o dŷ dy nain?'

A doedd hi ddim. Tŷ yn llawn hen bethau oedd o a doedd yna ddim atgof da ynghlwm ag unrhyw un ohonyn nhw. Doedd yna ddim atgof o gwbl ynghlwm â'r rhan fwyaf ohonyn nhw. Mi wyddai, o'r llyfr cyntaf yn yr ysgol feithrin, nad lle felly ydi tŷ nain i fod. Mi ddylai fod yn llawn trysorau a danteithion – hen deganau wedi'u cadw i'r wyrion a bariau newydd o siocled yn barod ar gyfer pob ymweliad. Fe fyddai'r siocled wedi hen lwydo petai'n aros i Myf gyrraedd tŷ ei nain i'w fwyta. Ond mi oedd hi yno heddiw. Er mwyn ei mam mi oedd hi wedi dod i'r cynhebrwng, ac rŵan mi oedd y ddwy'n sefyll y tu allan i'r tŷ.

'Tyd i edrych. Falla bod 'na rwbath.'

Ac fe aeth Myf i mewn. Be allai hi fod isio? Roedd ei holl eiddo bydol mewn un bag. Nid oherwydd tlodi ond o ddewis. Geiriau Saesneg oedd ganddi i esbonio hyn – *minimalism, tread lightly, anti-consumerism*. Doedd ei mam ddim yn deall y geiriau – doedd hi ddim yn deall y syniadau.

'Falla bydd gen ti fflat bach rhywbryd.'

Er, doedd ei mam ddim yn swnio'n ffyddiog iawn y byddai'r freuddwyd fach syml honno'n cael ei gwireddu.

Rhoddodd Myf ei bag i lawr wrth y drws a cherdded trwy'r tŷ. Llyfrau, ond be oedd diben llyfrau a hithau efo Kindle.

Sosbenni a phlatiau a chyllyll a ffyrc – pethau sy'n byw mewn cegin, a chan nad oedd ganddi gegin ... Dringodd i'r llofft ac agor drws y wardrob. Dillad. Yn digwydd bod, dillad a fyddai'n ei ffitio. Ond roedd ganddi ddau bâr o jîns, pedwar crys, dillad isaf, dwy siwmper, côt, esgidiau, sandalau. Dyna'r cyfan roedd hi ei angen. Dyna'r cyfan yr oedd unrhyw ddyn neu ddynes ei angen. Gallai deithio i unrhyw wlad yn y byd gyda'r rhain a'r rhain yn unig.

Hyd y gwyddai doedd ei nain ddim wedi teithio erioed. Ddim pellach na Llandudno mwyaf tebyg – Marks and Spencers Llandudno i brynu'r holl ddillad afiach 'ma, a rhai ohonynt ond wedi'u gwisgo unwaith. Rhai efallai heb eu gwisgo erioed. Roedd ei mam wedi crwydro mwy – Llundain sawl gwaith, Lerpwl yn eitha rheolaidd ac un gwyliau yn Ffrainc, nad oedd yn llwyddiant mawr yn ôl pob sôn. Ond o'r diwrnod y gwthiodd un tedi a dau afal i bocedi ei chôt law felen a dechrau cerdded i lawr y ffordd ar ei phen ei hun roedd Myf ar fin gadael rhywle, neu ar fin cyrraedd rhywle. Pedair oed oedd hi adeg honno. Roedd hi bellach yn dri deg a phedwar. Petai ei nain wedi marw ddeufis ynghynt fyddai hi heb ddod i'r cynhebrwng, fe fyddai hi wedi bod yn daith rhy bell o Fietnam. Ond yn digwydd bod mi oedd hi yng Nghernyw, ac roedd cyrraedd adref o fanno'n eithaf rhwydd – lifft i Fryste gan Stanley, trên ac yna cerdded.

Gallai glywed ei mam lawr grisiau yn symud pethau yn y gegin. Roedd hi wedi dod efo llwyth o focsys cardbord a bagiau bin duon, felly roedd Myf yn cymryd ei bod yn rhoi pethau yn y bocsys, i fynd i rywle, ac yn y bagiau i fynd i rywle arall. Efallai ei bod wedi dweud wrthi tra oeddan nhw'n byta swper y noson cynt. Efallai y dylai hi fynd i'w helpu. Caeodd ddrws y wardrob.

'Wyt ti isio help?'

'Dewis gwpwrdd. Sbwriel mewn bag bin, petha eraill yn y bocsys. Os nad wyt ti isio rwbath 'de.'

Agorodd Myf gwpwrdd yn y pen pella o'r gegin oddi wrth ei mam a dechrau tynnu pethau allan fesul un. Doedd hi ddim yn ymddangos bod gan ei nain lawer o drefn. Gallai darnau o'r un set o lestri ymddangos mewn sawl lle; roedd sgriwdreifar yn rhannu drôr efo cyllyll, biliau, paced o fisgedi a menig rwber melyn, deg pâr o fenig rwber melyn. Gweithiodd y ddwy yn ddygn a di-lol. Yr unig sgwrs oedd trafod a oedd eitem benodol yn rhywbeth i'w daflu neu ei gadw er mwyn ei werthu. Roedd Myf yn amau y byddai'r rhan fwyaf o bobl yn y sefyllfa hon yn rhannu atgofion.

'Wyt ti'n cofio mor hoff oedd hi o'r ddysgl yma?'

'Hwn brynist ti iddi hi rhyw Ddolig, yn de?'

'Roedd hi wastad yn deud bod rhain yn Wedgwood, tydyn nhw ddim wrth gwrs.'

Ac fe fyddai'r ddwy wedi chwerthin ac efallai wedi dod yn agos iawn at grio.

Ond doedd yna ddim o hyn yn digwydd. Dim ond gosod rhywbeth mewn bocs neu ollwng rhywbeth i fag. Deallodd Myf y byddai'r bocsys llawn petheuach yn mynd i'r ocsiwn yn y dref ddiwedd yr wythnos ac yn cael eu gwerthu fesul bocs. Ceisiodd ddychmygu rhywun yn gweld un peth yr oeddan nhw'n ei ffansïo mewn bocs, clorian efallai, neu gwpan a soser, ac yn prynu'r holl focseidiad o bethau er mwyn cael yr un peth hwnnw.

Tynnodd ddwy ddysgl las o'r cwpwrdd nesaf a daeth rhyw atgof. Atgof fel arogl mwg mewn ystafell, digon i chi ama bod rhywun wedi bod yn ysmygu yno, ond ddim digon i brofi unrhyw beth. Edrychodd eto ar y dysglau ac am eiliad roedd

Weetabix ynddyn nhw. A llefrith cynnes, a siwgwr gwyn yn toddi, ac am ei fod yn diflannu roedd hi'n cael ychwanegu chwaneg fel bod yr holl beth llawer rhy felys. Ond fyddai hi ddim yn cwyno, dim ond ei fwyta'n ddistaw. A beth bynnag, mi oedd o'n well nag adra lle weithiau doedd yna ddim siwgwr. A thro arall doedd yna ddim llefrith, neu'n waeth byth roedd y llefrith ar fin suro a'i mam yn mynnu ei fod o'n hollol iawn a Myf ddim yn deall pam na fyddai hi'n mynd i'r siop i brynu peth ffres.

Edrychodd ar ei mam yn rhoi pethau mewn bocs neu fag heb betruso eiliad.

'Ti ddim am gadw dim byd?' gofynnodd iddi.

Wyddai hi ddim pam ei bod wedi gofyn, ac yn amlwg doedd ei mam ddim yn disgwyl y cwestiwn.

'Nag'dw,' atebodd ei mam gan ollwng dau blât i mewn i'r bag sbwriel. Torrodd y platiau wrth iddynt daro yn erbyn rhywbeth arall caled a oedd yng ngwaelod y bag. 'Mae gen i bopeth dw i angen.'

Ac mae'n siŵr bod hynny'n wir. Bellach roedd cegin mam Myf fel pìn mewn papur. Os oedd un o'r hanner dwsin o fygiau glas yn malu fe fyddai'n cael gwared â'r pump arall ac yn prynu set newydd. Os byddai'n penderfynu newid i fygiau coch fe allai hynny arwain at lieiniau sychu llestri newydd coch a hyd yn oed tostar coch yn lle'r un glas, er bod hwnnw'n dal i weithio'n iawn. Prynu am fod ganddi bellach arian i wneud, ond doedd o'n dal ddim yn gwneud synnwyr.

Cariodd Myf ddau fag llawn sbwriel i'r bin. Mi ddylai fod pethau'n cael eu hailgylchu – y plastig, y papur, y gwydr. Fe ddylai fod llawer iawn o bethau'n mynd i siop elusen yn hytrach na chael eu taflu. Teimlai'n euog, ond doedd ganddi ddim mynedd dadlau. Roedd hi'n difaru dod i'r cynhebrwng, ac yn sicr roedd hi'n difaru na fyddai wedi gadael yn syth wedyn, wedi ffoi yn ôl i Gernyw at Stanley. Mi fyddai wedi gallu bod yn ôl yno o fewn pedair awr ar hugain, yn gorwedd ar y fatres ar lawr y bwthyn yn chwerthin a rhannu potel o gwrw a gwaredu at ei theulu. Ac yna fe fyddai wedi gallu codi'i phac eto, anghofio am Stanley, a mynd i rwla. Ond roedd hi heb, nag oedd, roedd hi wedi aros. A chan ei bod hi wedi aros y cwbl roedd hi am ei wneud oedd gorffen y job clirio 'ma cyn gynted â phosib, ac yna mynd. Gollyngodd y ddau fag i mewn i'r bin a dychwelyd i'r tŷ. A dal ati.

Ond mi oeddan nhw'n tynnu at y terfyn erbyn hyn. Cariodd mam Myf y ddau focs olaf allan i'w char, ond nid oedd lle iddyn nhw. Edrychodd Myf ar ei ffôn i weld faint o'r gloch oedd hi.

'Rho nhw ar y sêt flaen.'

'Ond...'

'Mi ga i drên mewn awr. Mi fedra i gerddad i'r stesion.'

Ufuddhaodd ei mam a gosod y bocsys ar y sêt. Safodd y ddwy ar y pafin rhwng y car a'r tŷ, dim ond sefyll yno heb ddweud dim. Efallai mai mam Myf dynnodd y ddau fŵg allan o'r bocs, neu efallai mai Myf wnaeth. Yn sicr, hi ddudodd bod ganddi fagiau te yn ei bag. Mygiau efo gwiwerod arnyn nhw oedd y ddau.

'Wil,' meddai Myf wrth sipian y te poeth.

'Be?'

'Wil. Wil Wiwar.'

'Ti'n cofio.'

'Ond doeddan ni ddim yn cael yfad allan ohonyn nhw am eu bod nhw'n *bone china*. Mi wnes i eu nôl nhw o'r cwpwrdd unwaith, dim ond i edrych arnyn nhw. Ges i gweir ganddi hi.'

Atebodd ei mam mohoni, dim ond dal ati i yfed ei the. Ac yna dweud, fwy neu lai wrthi hi'i hun, 'Roedd hi'n gwrthod cyfadda pam bod hi wedi dy guro di. Dim ond deud dy fod ti wedi'i haeddu fo. Ddudis i wrthi nad oedd 'na 'run hogan fach bedair oed yn haeddu cael ei chleisio fel'na.'

Edrychodd ar Myf fel petai hi wedi cofio ei bod hi yno. 'Dyna pam nad est ti yno wedyn, ddim dy hun beth bynnag. Doedd hi ddim yn mynd i gael gwneud eto. Doedd hi ddim yn mynd i gael dy waldio di hefyd.'

Gwyddai Myf y dylai hi ddweud rhywbeth. Y dylai gydnabod be roedd ei mam wedi'i ddweud, cydnabod ei bod wedi clywed ac wedi deall; dylai ei drafod, ei roi yng nghyd-destun yr holl theorïau roedd hi wedi'u darllen. Ond ddwedodd hi ddim byd.

'Tyd,' meddai ei mam, 'neu mi fyddi di wedi colli dy drên.'

Cododd Myf a cherdded allan o'r tŷ a'r mŵg wiwer *bone china* yn siglo yn ei llaw gerfydd ei glust. Dilynodd ei mam hi a chloi'r drws ar ei hôl. O'u blaen roedd wal frics uchel yn amgylchynu'r cowt bach wrth y drws cefn. Edrychodd y ddwy ar ei gilydd a heb ddweud gair, ac fel petai un pypedwr yn rheoli eu dwy fraich ag un cortyn, cododd y ddwy eu breichiau i'r awyr a thaflu'r mygiau yn erbyn y wal. Trodd clindarddach y llestri teilchion yn chwerthin cyn i Myf afael yn ei bag a rhedeg i lawr yr allt i ddal ei thrên.

Sbectol John Lennon

Y rhai crwn oeddwn i'n eu gweld yn fy meddwl. 'Dach chi'n gwbod y rhai dw i'n olygu – perffaith grwn, gwydr tywyll falla, ond falla ddim. Mae 'na lun yn rhywle, sawl llun mwya tebyg, ohono fo a Yoko Ono'n gwisgo sbectol felly. Oes 'na lun ohonyn nhw yn y gwely'n eu gwisgo, 'dwch? Neu falla mai fi sydd wedi dychmygu hynny, wedi cyfuno dau lun yn un. Ond os ydi rhywun yn deud 'sbectol John Lennon' dyna mae'r rhan fwyaf o bobl yn ei ddychmygu. Taswn i'n deud 'sbectol John Lennon' 'sach chi'n deall be dw i'n feddwl.

'Ond mae 'na bâr arall,' esboniodd. Ac mi oeddwn i'n gwbod fy mod i'n mynd i gael darlith. 'Tydi'r rheini ddim yn grwn,' medda fo. 'Maen nhw'n rhai llawer mwy cyffredin yr olwg. Y rhai efo gwaed arnyn nhw. Ei waed o. Yn dilyn y saethu. Fe ymddangosodd y rheini, y rhai nad ydyn nhw'n berffaith grwn, ar glawr record. *Season of Glass*. 1981. A lot wedyn mi wnaeth Yoko, ac mi oedd hi'n hen wraig bedwar ugain oed erbyn hynny, roi'r llun ar Twitter. I dynnu sylw at broblem trais efo gynna yn yr Unol Daleithia.'

Roedd o'n llawn ffeithia fel hyn. Nid dim ond am y Beatles. Waeth be oeddwn i'n sôn amdano roedd o fatha Wici bach byw yn chwydu ffeithia. Mi oeddwn i'n meddwl bod y peth yn ciwt i ddechra. Mi oeddwn i'n meddwl ei fod o'n arwydd ei fod o'n ddeallus. Doedd o ddim wrth gwrs. Wel, falla'i fod o'n ddyn eitha deallus, ond tydi chwydu ffeithia diddiwedd ddim yn arwydd o ddeallusrwydd. Arwydd o wbod lot o ffeithia ydi o. Ac yn fwy na hynny arwydd ei fod o'n credu y dylai pobl eraill, y dylwn i yn benodol, wrando arno fo. A dysgu oddi wrtho fo. Wedi meddwl go iawn am y peth, wn i ddim a oedd o'n poeni a oeddwn i'n dysgu rhwbath, a oeddwn i'n cofio'r holl betha 'ma. Yr hyn oedd yn bwysig, dw i'n ama, oedd 'mod i'n ei edmygu o, yn ei edmygu o a'i holl ffeithia, ac fy mod i'n gadael iddo fo wbod 'mod i'n ei edmygu o.

Y cwbl oeddwn i wedi'i ddeud tro 'ma oedd 'mod i'n ffansïo pâr o sbectols John Lennon. Mi oeddwn i wedi bod yn testio'n llygid ac mi oeddan nhw wedi deud 'mod i angen sbectol newydd. Ac mi oeddwn i ffansi newid. Mi fyswn i ddigon hapus tasa fo wedi deud, 'Dw i ddim yn meddwl y bysan nhw'n dy siwtio di ddeud gwir.'

Mi fyswn i wedi bod yn hapusach tasa fo wedi deud, 'Cŵl. 'Sat ti'n edrych yn secsi.'

Be oeddwn i ddim isio oedd gwbod bod *Season of Glass* wedi cael ei rhyddhau ar label Geffen, bod llais Sean, mab John a Yoko, i'w glywed, bod yna bedwar trac ar ddeg yn wreiddiol ond pan gafodd ei ailryddhau yn...

'O cau dy geg! Cau dy blydi ceg!'

Ac mi edrychodd arna i mewn syndod.

'Ond...'

Gafodd o ddim mynd ddim pellach na hynny.

'Gwranda, Meirion,' medda fi, 'dw i ddim isio gwbod.'

Tydw i rioed wedi cicio ci, ond mae'n siŵr mai rhyw deimlad felly fysa hynny.

'Gwranda,' medda fi eto cyn iddo gael cyfle i ddeud dim byd, 'dw i'n siŵr bod John a Yoko'n bobl hyfryd, dw i'n siŵr bod nhw wedi gweithio'n galed, dw i'n siŵr bod yna gant a mil o ffeithia difyr amdanyn nhw. Ond, yng nghyd-destun sbectol o leia, mae'r boi wedi colli'r hawlfraint ar ei enw'i hun. Sgin sbectol John Lennon bî ôl i neud efo John Lennon. Jest ffordd arall o ddeud sbectol gron ydi o.'

Roedd Meirion yn gegrwth. Taswn i ddim yn siarad mi fyswn inna'n gegrwth. Doeddwn i ddim yn arfer siarad cymaint â hynna.

'Wel...' medda fo. Ac mi oeddwn i'n gweld be oedd yn mynd trwy'i feddwl o.

'Ti isio gwglo'n dwyt? Ti isio gwglo i weld a oes ganddo fo, neu'i stad, hawlfraint ar yr enw.'

Bingo! Mi oeddwn i'n gallu gweld o'i wynab o 'mod i'n hollol iawn. Roedd ei ffôn o'n egnïo yn y gegin neu mi fyddai o wedi edrych. Penderfynais gymryd mantais o'r sefyllfa. Penderfynais fentro deud celwydd.

'Sbarin i ti neud – sgynno fo ddim.'

Doeddwn i ddim wedi edrych, wrth gwrs, ond mae synnwyr cyffredin yn deud bod ganddo fo a'i deulu frwydra hawlfraint pwysicach, ac nad oeddan nhw'n mynd i wastraffu amser efo pawb oedd yn galw sbectol gron yn sbectol John Lennon. Fel roedd gen i betha pwysicach i'w gwneud nag ymchwilio i'r peth go iawn. Nid fod Meirion wir yn ymchwilio i betha – dim ond dibynnu ar Google a chofio'r hyn roedd o wedi'i ddarllen ar y sgrin.

Mi wnes i brynu sbectol John Lennon ac mi oeddwn i'n meddwl eu bod nhw'n gweddu i mi. A chwarae teg i Meirion, mi wnaeth ynta fod yn gadarnhaol pan ddois i adra o'r siop sbectol.

'Gwneud i ti edrych yn ddeallus.'

A choeliwch chi fi, roedd hynna'n ganmoliaeth uchel gan Meirion. Ac mi ddudodd 'mod i'n edrych yn wahanol. Ac mi oeddwn i'n teimlo'n wahanol. Ond y gwahaniaeth mawr oedd bod y darlithoedd byrfyfyr am bopeth dan haul wedi dod i ben. Weithia byddai'n dechra, yn enwedig os oeddwn i wedi deud rhwbath am awyrenna neu dywydd, ond yna byddai'n stopio ar ganol brawddeg.

'Ti ddim isio gwbod, nag oes.'

Ac mi fyddai'n gwenu mor annwyl fel fy mod i bron ag ildio a deud fy mod i isio gwbod, fy mod i isio gwbod popeth am faint o law sy'n disgyn yn Fietnam neu fanylion cynhyrchu Concorde. Ond wnes i ddim, dim ond deud wrtho ei fod o'n berffaith iawn ac nad oeddwn i isio gwbod. Wnaeth o ddim rhoi'r gora i chwilio am ffeithia a gwybodaeth ar y we, wrth gwrs, wnaeth o ddim rhoi'r gora i lenwi'i ben efo pob math o rwtsh dianghenraid, ond mi wnaeth o roi'r gora i fy ngorfodi i wrando. A hyd yn oed pan oedd o'n sâl ac yn ymchwilio i bob math o betha meddygol doedd o ddim yn fy ngorfodi i i wrando ar yr hyn roedd o wedi'i ddarganfod. Doedd o ddim yn deud gair wrtha i ynglŷn â'r posibilrwydd bod y doctoriaid wedi gwneud camgymeriad, doedd o ddim yn sôn wrtha i am fanteision ac anfanteision gwahanol ddeiets, doedd o ddim yn esbonio wrtha i bod yna wahaniaethau pwysig rhwng un fynwent werdd ac un arall. Yr unig ffordd yr oeddwn i'n gwbod am hyn i gyd oedd trwy aros iddo fynd i gysgu – mi oedd o'n cael cwsg bach yn y pnawn ac yn mynd i'w wely'n gynnar. Adeg honno mi oeddwn i'n edrych ar ei *search history* o. Ond hyd yn oed wedyn doeddwn i ddim yn trafod y petha hynny efo fo. Doedd y doctoriaid ddim wedi gwneud camgymeriad a 'sa waeth iddo fo fyw ar siocled a thost ddim nelo hynny o wahaniaeth 'sa fo'n neud. Mi fyddai wedi bod yn well iddo fo edrych allan trwy'r ffenest ar yr adar. A falla y bysa hi'n well i minna edrych ar yr adar pan dw i'n eistedd yn fama yng nghanol y coed ifanc, yn hytrach na dewis geiriau ar hap a rhythu trwy fy sbectol ar fy ffôn er mwyn casglu ffeithiau dibwys a thrio cofio a thrio deall.

Cacen ar blât

'Dan ni'n gyndyn o sôn amdanyn nhw. Y dyddiau hynny lle mae popeth yn dlws. Nid yn unig adar a choed a lliwiau'r machlud, ond arwyddion ffyrdd a lludw'r grât a sanau ar lawr y llofft. Mae ganddon ni gywilydd cyfaddef bod yna ddyddiau lle mae hapusrwydd bron yn ormod, lle mae'r byd yn sgleinio a phob cân yr union gân 'dan ni eisiau'i chlywed. Tybed a ydan ni'n reddfol yn gwybod fod y dyddiau hynny yn ymylu ar wallgofrwydd? Eu bod nhw yr un mor wallgof â'r dyddiau duon. Dw i'n meddwl 'mod i wedi petruso sôn am y dyddiau hyn rhag ofn nad oedd yna neb arall yn gwybod amdanyn nhw. Ac efallai oherwydd y gallai sôn amdanynt eu dychryn, a gwneud iddynt ffoi ymhell i rywle ac na fyddwn i byth eto yn cael diwrnod felly. Mi oeddwn i wastad wedi meddwl y byddai'n braf marw ar ddiwrnod felly, ac eto fe fyddai'n erchyll marw ar ddiwrnod felly. Gwell gadael yr hen fyd 'ma pan nad ydi cliced y drws yn ddim ond darn o fetel, yn y gobaith bod yna rywbeth mwy difyr yr ochr draw. Mi fyddai ei adael pan mae cliced y drws y peth tlysaf dan wyneb haul yn artaith. Mi fyddai gen i ofn ac mi fyswn i'n llawn tristwch.

Weithiau mi oeddwn i'n meddwl tybed a allwn i sôn amdanynt adeg honno, ar fy ngwely angau.

'Sori, dw i ddim isio mynd rŵan, ddim hyd nes bydd popeth

wedi dychwelyd i fod yn gyffredin, ddim hyd nes bydd y cwrlid 'ma yn peidio disgleirio.'

Ta waeth, diwrnod felly oedd hi. Felly wnes i ddim synnu o gwbl pan gerddodd y ddynas 'ma i mewn i fy nhŷ yn cario cacen ar blât. Doeddwn i ddim yn ei hadnabod hi, ac roedd hi heb gnocio.

'Bore da,' meddai hi. 'Alma ydw i, a dw i wedi dod â chacan i ti.'

Cymerais y gacen oddi arni ac edrych ar y greadigaeth gron felen mewn rhyfeddod. Mi oedd hi, efallai oherwydd ei bod hi wedi dod â hi draw y diwrnod hwnnw, yn gacen arbennig o hyfryd yr olwg. Roedd y plât oddi tani yn las mwy glas nag unrhyw las.

'Cacan lemon,' medda hi. 'Gobeithio dy fod ti'n licio cacan lemon?'

Mi wnes i ei sicrhau fy mod i'n hoff iawn o gacen lemwn. Symudais y tegell i'r rhan boeth o'r Aga, y rhan uwchben y tân, ond doedd Alma ddim am aros am baned, meddai hi.

'Mi ddo i 'nôl fory. Mi ddo i 'nôl fory i gasglu fy mhlât.'

Ac fe ddaeth yn ôl y diwrnod canlynol i gasglu'i phlât. Doeddwn i ddim yn hoffi rhoi plât gwag yn ôl iddi hi, felly mi oeddwn innau wedi pobi cacen, cacen siocled – siocled a menyn cnau mwnci. Fe arhosodd Alma am baned yr eilddydd, paned o goffi. Ac fe gawson ni ddarn yr un o'r gacen siocled. Esboniodd ei bod wedi dod o wlad bell, esboniodd ei bod wedi bod yn siwrna anodd. Nid oedd pawb a gychwynnodd efo hi wedi gweld diwedd y daith. Esboniodd nad oedd hi wedi bod yn hollol siŵr i le roedd hi'n mynd, ond bod unrhyw le'n well na'r lle roedd hi. A rŵan mi oedd hi'n byw y drws nesaf i mi.

Fe ddatblygodd yn ddefod. Unwaith yr wythnos roedd

Alma'n dod draw gyda chacen, a'r diwrnod canlynol byddai'n dychwelyd i gasglu ei phlât ac fe fyddwn i wedi rhoi cacen arall arno i fynd yn ôl i'w theulu hi. Bron bob tro byddem yn cael darn yr un o'r gacen yr oeddwn i wedi'i gwneud ac yn yfed paned o goffi. Weithiau byddem yn cydfwyta darn o gacen Alma. Os byddai un ohonom yn arbennig o hoff o gacen, neu fod gŵr neu blant Alma'n arbennig o hoff ohoni, byddem yn gofyn am y rysáit. Mi gymerodd yn hir i mi fentro gwneud fy fersiwn i o'r gacen lemwn gyntaf honno. Dilynais y cyfarwyddiadau'n fanwl ond doedd hi ddim yr un peth. Ddim yn well nac yn waeth, dim ond yn wahanol.

Wrth i'r flwyddyn fynd heibio roeddwn yn cael mwy o hanes Alma, yn cael gwybod mwy o fanylion am galedi'r daith o'i mamwlad. Ond, efallai oherwydd ei bod hi wedi cyrraedd ar un o'r diwrnodau gwych, gloyw, golau yna y soniais amdanynt, doedd gen i erioed biti dros Alma. Doedd hi ddim yn gwahodd pobl i deimlo piti drosti. Roedd hi'n drist ei bod wedi gorfod gadael ei chartref, roedd ganddi hiraeth am ffrindiau a theulu a oedd yn dal yno, neu wedi'u gwasgaru i bedwar ban byd ac, er gwaethaf ffonau symudol, wedi diflannu o'i bywyd. Doedd hi ddim yn dweud hynny ond yn amlwg wyddai hi ddim a oedd rhai ohonyn nhw'n fyw neu'n farw. Ond mi oedd hi hefyd yn hapus – yn hapus ei bod hi a'i theulu mewn gwlad lle roedd heddwch a lle roedd ganddi gegin fechan dwt lle y gallai bobi cacennau. Roedd yn diolch bob tro bod ganddi arian i brynu blawd a wyau a siwgwr, hyd yn oed arian i brynu cnau a sbeis a siocled.

Wrth i'r flwyddyn droi'n flynyddoedd byddai'n sôn llai a llai am ei chartref. Dim ond weithiau byddai rhyw gacen arbennig yn cynnau atgof – atgof am ei mam neu ei nain, neu atgof am gymydog neu am ŵyl neu ddathliad.

'Hon oedd y gacan y gwnes i ei phobi ar gyfer priodas fy nghyfnither.'

'Hon oedd pawb yn ein gwlad yn ei bwyta noswyl Alban Hefin.'

'Hon ydi'r rheswm y gwnaeth fy ngŵr fy mhriodi.'

Ac fe chwarddodd, a'i chwerthin fel adar bach chwil amryliw yn taro'n erbyn gwydr y ffenest wrth geisio dianc. Roedd ei gŵr wedi marw erbyn hynny, wedi marw'n dawel ac urddasol a di-lol, fel y gwnaeth bopeth yn ei fywyd; ac mi oedd hi'n galaru. Felly roedd hi'n dda'i chlywed yn sôn amdano ac yn chwerthin. A doedd yna yr un o'r plant adref erbyn hynny. Mi oeddan nhw wedi gwasgaru a'u henwau wedi'u Cymreigio neu eu Seisnigeiddio yn ôl eu hanian, a dim ond yn achlysurol y bydden nhw'n dod adref i fwyta cacennau a gwneud yn siŵr bod hen wraig eu mam yn dal yn fyw. Felly y bu pethau am yn hir – dim ond ni'n dwy, y wraig weddw a'r hen ferch, yn y ddau fwthyn ar ochr y llechwedd. A'r ddefod wythnosol o gyfnewid cacennau'n parhau. Er, mi oeddan ni'n ddigon call i wneud cacennau llai. Mi dorrais i ar y traddodiad a dychwelyd y plât un diwrnod efo dwy gacen fechan arno yn hytrach nag un fawr.

Chwerthin a gwenu wnaeth Alma wrth gwrs.

'Maen nhw fatha ni,' meddai. 'Dwy gron wrth ymla'i gilydd.'

Ond er ei bod wedi ymddangos yn ddigon hapus efo'r ddwy gacen fach, parhau i bobi un gacen fawr gron i mi bob wythnos wnaeth Alma. Parhau at y diwedd un bron. Allai hi ddim pobi yn yr ysbyty wrth reswm.

Roeddwn i'n eistedd fy hun wrth erchwyn ei gwely pan drodd ata i a gwenu, gwenu fel na allai neb arall ond Alma.

'Mae'r llenni 'ma filwaith harddach nag oeddan nhw ddoe,' meddai.

Bu bron i mi ddweud eu bod nhw'n union yr un peth ag yr oeddan nhw ddoe. Ond wnes i ddim. Gafaelais yn ei llaw.

'Wyt titha'n cael dyddiau felly?' gofynnais.

'Yndw. Roedd y diwrnod y gwnes i bobi cacan lemon i fy nghymydog newydd yn un felly. Dw i'n dal i gofio'r sŵn wnaeth y plisgyn wy wrth i mi ei gracio.'

Ac mi wyddwn o'r disgrifiad yna eu bod nhw'n ddyddiau fel y dyddiau yr oeddwn i'n eu cael – unwaith yn y pedwar amser mae sŵn plisgyn wy yn torri fel sŵn telynau.

Gwasgodd Alma fy llaw.

'Mae isio gwneud yn fawr o'r dyddiau hynny,' meddai.

'Ar y dyddiau hynny mae hi mor hawdd syrthio mewn cariad.'

Cyn y pair

Y cyntaf oedd yr anoddaf. Ac eto hwnnw oedd yr hawddaf. Doedd o ddim yn disgwyl dim byd ac yntau wrthi'n tynnu gwair yn hamddenol o'i resel ac yn ei gnoi yn bwyllog gan ollwng ambell gydyn oedd wedi hanner ei gnoi ar lawr. Dw i'n cofio meddwl y dylai rhywun fod wedi trin ei ddannedd, fod hen geffyl fel hwn yn haeddu chydig o ofal. Doedd o ddim yn disgwyl y gyllell. Hyd yn oed ar ôl torri'r glust fe lwyddais i dorri'i wefl reit rhwydd, ond mynd yn anoddach wnaeth hi wedyn. Roedd arogl y gwaed yn eu cynhyrfu a gweryru'r lleill yn achosi iddynt i gyd dynnu yn ôl ar eu penffrwyni. Ond ac eithrio un, yr un bychan gwinau, roeddynt wedi eu clymu'n sownd. Fe ddihangodd hwnnw. Does 'na ddim posib gwneud pob dim, nag oes? Dwn i ddim sawl un wnes i, ond mi oeddwn i'n gweithio'n gynt a chynt a blerach a blerach tua'r diwedd. Ond roedd rhaid gwneud.

Od 'mod i'n meddwl am hynny rŵan. Arogl y gwaed efallai. Mae gwaed yn llifo ar fy nhalcen ac ar fy moch, mae yna waed yn glanio'n ddiferion trwchus, poeth ar fy amrannau caeedig, ac efallai mai hynny sy'n fy atgoffa o'r gwaed yn y stablau. Dw i'n trio penderfynu a oes yna wahaniaeth rhwng arogl gwaed dynion ac arogl gwaed ceffylau. Efallai fod. Wn i ddim. Dw i'n canolbwyntio ar ymddangos yn farw ac yn cofio'r adeg pan oeddwn i'n teimlo fwyaf byw. Doedd y gwasgu trwy'r defnydd gynnau ddim 'run peth. Roedd hynny'n rhy lân, rhy oeraidd, rhy dwt. Efallai pe bawn i wedi cael gwneud hynny'n agored, efo llafn a sgrechian, efallai pe bawn i wedi cael gweld yr ofn yn eu llygaid yn hytrach na dim ond teimlo'r plisgyn yn cracio y byddwn i wedi fy modloni. A phe bawn i wedi fy modloni efallai y byswn i wedi eistedd yn swrth yn yfed medd. Ond wnaeth yna neb ddiolch i mi. Petai rhywun wedi deud rhwbath.

'Da iawn, was.'

'Chdi achubodd ni.'

'Gymri di fwy? Mae dy wydryn yn wag.'

Ond wnaethon nhw ddim. Wnaethon nhw ddim gwneud erioed. Petaen nhw wedi gwneud efallai na fyswn i wedi'i cholli hi fel 'nes i. Doedd gen i ddim byd yn erbyn yr hogyn ei hun. Dw i'n gwbod hynny. Nhw oedd y bai. Isio'u gweld nhw'n teimlo mor gachu â dw i wedi'i deimlo rioed oeddwn i. Ac am eiliad mi oedd o'n wych. Mi oedd fy nghorff i'n gynnes i gyd, roedd fy meddwl yn glir, roedd y blew ar fy mreichiau'n dawnsio. Bron cystal â'r stabl. Bron cystal.

Mi fyddan nhw wedi fy nghyrraedd i yn y munud. Does yna ond un corff uwch fy mhen. Wn i ddim be yn union dw i'n mynd i neud. Ond am ychydig eto rhaid i fy nghorff fod yn llonydd, llonydd. A rhaid i fy meddwl fod yn dynn, dynn, yn barod, yn aros. Aros am brofiad a fydd yn well na'r stabl hyd yn oed. Aros am rywbeth a fydd yn gwneud i bawb, pawb am byth, ddeud 'Da iawn fo. Fo oedd yr arwr, yn de!'

Cylch ar y calendr

M i oeddwn i'n aros am y diwrnod hwnnw bob tro. Wyddwn i ddim pa ddiwrnod fydda fo, dim ond mai hwnnw fyddai diwrnod y ffair. Hwnnw sydd ddim ond deuddydd i ffwrdd o hyd – dim ond heddiw tan yfory, dim ond fory tan y ffair. Ac ar ôl i'r diwrnod hwnnw fod mi fydda i'n ei gofio. A chofio diwrnod mae rhywun bob tro. Nid cofio mis. Cofio diwrnodau yn y mis hwnnw, cofio diwrnodau yn y flwyddyn honno. Diwrnod ydi'n huned ni. Yr amser o un cwsg i'r llall. 'Faint o weithia sydd rhaid i mi gysgu eto?' A Mam yn atab, a ninna'n gwybod wedyn y byddai Dolig yn dod, y byddai'r pen-blwydd yn dod, y byddai'r ffair yn dod. Er nad oeddan ni'n gallu amgyffred wythnos neu hyd yn oed dridiau. Ond roedd y ffaith fod yna rywun, rhywun oedd yn gwybod mwy na ni, rhywun a oedd wastad yn iawn, yn gallu deud 'Cysgu tair gwaith' yn sicrwydd gwych. A rŵan mi oeddwn i isio gwybod sawl gwaith y byddai rhaid i mi gysgu cyn y byddai Emyr yn dod allan o'i bydew du, ac yn cofio am y gwely brafiaf yn y byd, ac yn ffonio i ofyn geith o 'ddod lan i ware'.

Ond tydi Mam ddim yn gwybod. A tydw i ddim yn gofyn i Mam chwaith. Oherwydd fy mod i'n gwybod bellach nad ydi hi'n gwybod. Ŵyr hi ddim pryd gawn ni'n dau fynd i grwydro trwy'r pentref lloerig 'na gynlluniwyd gan Clough Williams-

Ellis, heddwch i'w lwch. Heddwch i'w lwch a saethwyd mewn roced uwchben Aber Iâ ac a adawyd i ddisgyn er mwyn i'r gwynt ei gario i Ynys Gifftan a Thraeth Bach a Thraeth Mawr ac i ddŵr afon Dwyryd, ac yna i'r môr fel carreg bren David Nash. Am bres peint fe gariodd criw o ddynion y garreg bren i fyny'r nant ym Maentwrog cyn ei gollwng. A bu cwsg ar ôl cwsg ar ôl cwsg cyn iddi nofio o dan Bont Briwet i'r môr. Tybed oedd mam David Nash wedi ei ddysgu fod yna bethau y mae rhaid cysgu nosweithiau rif y gwlith cyn y byddant yn digwydd? Neu tybed a oedd ganddo bentwr o galendrau yn mesur y blynyddoedd i'r dyfodol ac yntau wedi cylchu dyddiad yn un ohonynt, yr olaf un yn y pentwr – dyma pryd y bydd fy ngharreg bren yn cyrraedd y môr.

Dw i'n mwydro'n tydw? Mwydro fel hyn dw i'n tueddu i wneud pan nad ydw i'n siŵr be i ddeud. Neu ddim yn siŵr a ydw i isio deud beth bynnag ydi o. Ond mi ydw i isio deud. Dw i wedi'i enwi fo, felly mae'n rhaid 'mod i isio deud ei stori fo. Neu ein stori ni. Neu fy stori i. Dw i wedi'i enwi fo. Emyr. Dyna ydi'r cam cyntaf bob tro.

Un tro roedd yna ddyn o'r enw Emyr. Weithiau roedd Emyr yn sâl. Pan oedd o'n sâl doedd o ddim yn mwynhau cerdded ar hyd y traeth efo fi. Ond pan oedd o'n sâl cerdded ar hyd y traeth oedd yr unig beth allai'i wella fo. 'Dach chi'n gweld y broblem? Doedd o ddim yn sâl pan wnes i ei gyfarfod o. Fyddwn i heb ei gyfarfod o petai o'n sâl. Ar yr adegau hynny mae o'n cau ei hun yn ei dŷ bach twt ac yn cerfio anifeiliaid. Weithiau mae'n eu cerfio o bren, dro arall mae'n eu cerfio o sebon. Pan mae o'n wael iawn mae'n cerfio anifeiliaid bychan carreg a hyd yn oed anifeiliaid glo. Yndi, yn llythrennol, mae o'n creu ci du. Rhes o gŵn duon i fod yn fanwl. Dw i wedi'u

gweld nhw, yn cerdded yn dalog ar draws ei silff ben tân –
corgwn a Great Danes, cŵn defaid a chŵn sosij, a chŵn nad
ydyn nhw'n unrhyw frid penodol, heblaw eu bod nhw'n ddu.

Dw i'n osgoi deud y stori eto'n tydw? Mae salwch Emyr
wedi para'n hir tro 'ma. Dw i ddim hyd yn oed yn gwybod
a ydi o'n cerfio. Mi wn i o brofiad bod rhaid bod yn
amyneddgar, nad oes yna bwrpas trio'i lusgo o'r pydew,
nad oes yna bwrpas dadlau'n rhesymegol mai cerdded y traeth
ydi'r unig feddyginiaeth a bod angen iddo gofio hynny a gadael
yr anifeiliaid a gwisgo'i gôt. Felly dw i wedi bod yn aros. Dw i
wedi anfon cardiau post, gan ystyried am hir pa lun yw'r mwyaf
addas. Dw i wedi gadael negeseuon ar ei ffôn. Dw i wedi anfon
ambell neges – rhai byr, siriol. A dw i'n aros.

Mae hyn wedi gweithio bob tro yn y gorffennol. Mae o, am
ba bynnag reswm, ac all o ddim esbonio pam byth, yn dechrau
teimlo'n well. Ac mae o'n cyrraedd yma, yn amlwg wedi cael
cawod am y tro cyntaf ers dyddiau, wythnosau weithiau. Ac
mi ydan ni'n cerdded ar hyd y traethau ac mae'r cŵn yn dianc.
Weithiau maen nhw'n sleifio i ffwrdd yn ddistaw heb i ni sylwi,
a thro arall maen nhw'n rhedeg i mewn i'r tonnau gan gyfarth
a dal ati i nofio fel nad ydyn nhw'n ddim byd ond smotiau bach
duon yng nghanol y môr. Ond tydyn nhw ddim yn boddi – maen
nhw'n cyrraedd rhyw ynys ac yn gorwedd yno ar y tywod ac ar
y creigiau. Tan tro nesaf.

Dyna ddigon o ryw drosiadau barddonllyd. Mae angen i
mi ddeud y pethau pwysig, yn does? A'r peth pwysig ydi 'mod
i wedi bod yn aros yn hir. Dyna pam y gwnes i dynnu'r calendr
oddi ar y wal. A dyna pam y gwnes i dynnu beiro goch o'r potyn
lle dw i'n cadw fy meiros a fy mhensiliau. Mi wnes i betruso ac
oedi ac aros, a rhoi'r feiro i gadw yn y potyn a'i thynnu allan eto.

Allwn i ddim hyd yn oed penderfynu pa fis i ddechrau. A hyd yn oed ar ôl penderfynu ar fis roedd hi'n anodd penderfynu pa ddyddiad, pa ddiwrnod. Oherwydd mai penderfyniad hollol fympwyol oedd o wrth gwrs. Roedd rhaid dewis un diwrnod, ond ddeud gwir doedd o ddim yn gwneud llawer o wahaniaeth pa ddiwrnod. Doeddwn i ddim isio fo'r wythnos nesaf, rhag ofn. Rhag ofn iddo fo ddechrau teimlo'n well, yn de. A doeddwn i ddim isio dewis diwrnod flwyddyn nesaf. Ond rhywle rhwng y ddau yna doedd waeth iddo fod y pymthegfed o Ebrill na'r ail o Dachwedd. Am wn i.

Ymhen hir a hwyr mi wnes i gylchu un diwrnod efo fy meiro goch. A rhoi'r calendr yn ôl ar y wal. Ac oherwydd nad oedd y cylch coch y mis hwnnw mi wnes i anghofio am y peth. Fwy neu lai.

Ond rŵan dw i'n gweld y cylch coch. Dw i wedi'i weld bob bore ers pythefnos. Ond bellach dim ond heddiw tan yfory ydi hi. Ac ar ddiwrnod y cylch coch mi fydda i'n symud ymhell o fama. Ac mi fydda i'n mynd i gerdded ar hyd rhyw draeth ar fy mhen fy hun. Yn y gobaith y bydda i'n teimlo'n well.

O

Roedd pethau'n wahanol ers talwm. Gadawyd i fy nhad ddal ati. Wn i ddim ai'r disgrifiad gorau oedd ei fod wedi cael ei adael i ymdrechu am flynyddoedd, neu ei fod wedi cael ei gynnal am flynyddoedd. Anodd i mi benderfynu gan nad oeddwn i'n gweld llawer ohono fo. Fy chwaer oedd yr un oedd yn byw wrth ei ymyl, wrth ei ymyl o a Mam cyn iddo fynd i'r cartref, ac yna'n gyfleus iawn yn union 'run pellter o'r cartref. Pum milltir i'r tŷ lle roedd Mam yn byw, pum milltir i'r cyfeiriad arall i'r cartref lle roedd Dad yn byw. Dw i'n siŵr mai dyna ddudodd hi. Mi oedd hi'n ei ddweud o bob tro y byddai hi'n ffonio i gwyno. Mi fyddai hi wedi cyfrif sawl milltir roedd hi wedi'i yrru yr wythnos honno. Ac mi fyddai hi'n sôn am y pethau roedd hi a staff y cartref yn eu gwneud er mwyn iddo gael rhywfaint o bleser mewn bywyd, pethau fatha peintio a chwarae bingo.

Ond mi fyswn i wedi'i chael hi'n anodd siarad efo fo. Fo a Bethan oedd y mêts rioed. Hi oedd y mab na chafodd o. Pêl-droed, ffotograffiaeth, a phan oedd hi'n hŷn hi oedd yr un oedd yn mynd am beint efo fo. A phan fyddwn i'n mynd yno – Dolig, Pasg, rhywbryd yn yr haf – mi fydda fo'n meddwl mai Mam oeddwn i. Mi oedd Bethan yn trio esbonio'r dementia wrtha i. Mae'n siŵr ei bod hi'n gwbod llawer, mi oedd hi'n mynd ar gyrsiau ac yn darllen llyfrau, ac efallai y bysa fo'n well petawn i wedi gwrando. Dw i'n meddwl ei bod hi wedi sôn bod yna elfen o eneteg yn y peth. Petai hi'n dal yn fyw mi fyddwn i'n ei holi hi. Neu efallai na fyswn i. Dw i ddim yn chwilio am wybodaeth o unrhyw ffynhonnell arall, nag ydw? Ofn be ffindia i. Ac efallai petai Bethan yn dal yn fyw y byddai hi'n fwy ffwndrus na fi. Mi oedd hi'n hŷn na fi.

Dw i ddim yn credu bod yna lawer o bobl yn sylweddoli, ond mae o ar fy nghofnodion meddygol wrth gwrs. Erbyn hyn mae'r profion yn dechrau pan 'dach chi'n drigain. Mi oeddwn i'n glir y tro cyntaf ond erbyn yr ail brawf, ddwy flynedd wedyn, mi roedd 'na arwyddion amlwg. Medden nhw.

'Dw i'n teimlo'n iawn. Anaml dw i'n anghofio unrhyw beth.'

Ac fe esboniodd y meddyg, yn eironig dyn tua'r un oed â fi os nad hŷn, nad anghofio pethau fyddai'r unig beth y byddwn i'n ei wynebu.

'Mae sgiliau corfforol, yn enwedig y rhai mân, yn cael eu heffeithio er enghraifft. A'r gallu i ddeall ystyron geiria. Pob math o betha ddeud gwir.'

'Ond mae 'na driniaeth, yn does?'

Edrychodd yn sydyn ar fy manylion cyn ateb, er dw i'n ama ei fod o'n gwbod yr ateb yn barod.

'Mi fyddech chi angen polisi lefel aur. Neu uwch wrth gwrs.'

Roedd hi wedi bod yn amhosib i rywun o fy oed i gyrraedd y lefel yna, amhosib heb gyfrannu swm sylweddol o arian ar y cychwyn.

'Peidiwch â phoeni'n ormodol,' meddai. 'Mae'r datblygiad yn amrywio, fe fydd profion bob blwyddyn rŵan, yn rhad ac am ddim. Ac maen nhw'n dal i adael i bobl gyrraedd cyflwr eitha difrifol cyn...'

Mi betrusodd am eiliad. Fel ddudis i roedd o tua'r un oed â fi, efallai nad oedd o'n hollol gyfforddus â'r peth.

'Dw i'n credu mai rhyddhau ydi'r gair sy'n cael ei ddefnyddio ar y funud,' meddwn er mwyn ei helpu, ac mi gochodd ac edrych ar rywbeth ar y sgrin.

'Mi gewch eich atgoffa i ddod am asesiad ymhen blwyddyn,' ychwanegodd wrth i mi droi am y drws.

Mae o'n od. Dw i'n cofio'r diwrnod yna'n berffaith glir. Pryd bynnag oedd o.

Tydi'r asesiadau a'r profion ddim yn orfodol wrth gwrs. Ond mae'n rhaid eu mynychu er mwyn derbyn budd-dal. Felly dw i'n mynd. Wedi bod yn mynd ers blynyddoedd, dw i'n meddwl. Mi es i bora 'ma. Dw i'n gwbod be maen nhw'n ei ofyn erbyn hyn. Maen nhw'n gofyn pa flwyddyn ydi hi. Mi oeddwn i'n barod am hwnna. Mi oeddwn i wedi tsiecio cyn gadael y tŷ ac wedi'i sgwennu fo lawr ar ddarn o bapur. 2048. Ac mi wenodd y doctor pan wnes i ei hateb hi. Ac mi wnes i ateb popeth arall yn gywir hefyd. Ac yna mi oedd rhaid i mi chwarae gemau. Roedd rhaid i mi osod pegiau bach crynion mewn tyllau bach crynion, ac mi oedd rhaid i mi wneud cylch efo fy mys a fy mawd a mynd tap, tap, tap. Ac mi roddodd ddarn o bapur a beiro i mi a gofyn i mi sgwennu'n enw. Mi oedd y C am Carys reit daclus, ond mi oeddwn i'n poeni braidd bod y cylch, y sero, yr O am Owen ddim cweit yn iawn. Doedd y ddau ben ddim yn cau'n gylch cyfa. Ond mae'n rhaid ei fod o ddigon da oherwydd dw i'n cael aros yma heno meddan nhw, ac yn cael mynd i rwla arall fory. Dw i wedi bod yn practisio gwneud O taclus rhag ofn i mi orfod arwyddo rhwbath yn fanno hefyd.

A chyda mi ysbienddrych

Ar ryw brynhawngwaith teg...
Roedd o'n hoff o ddyfynnu *Gweledigaethau'r Bardd Cwsg*. Byddai'n adrodd y brawddegau cyntaf yn aml wrth ddringo'r llwybr serth, ac yna wrth adael y llwybr a stryffaglu trwy'r grug gan fynd yn uwch i fyny'r llechwedd.

Setlodd ei hun yn gyfforddus ar ochr y bryncyn. Roedd wedi gosod ei hun yn dwt rhwng dwy graig, yr un ddwy graig bob tro. Roedd y creigiau'n ei gysgodi rhag y gwynt, petai'r gwynt yn chwythu o'r môr neu'n chwythu o'r mynydd. Mi oeddan nhw hefyd yn ei guddio i ryw raddau, ei guddio o'r llwybr o leiaf. Cyn eistedd mi oedd o wedi gosod bag plastig, bag plastig gwyrdd M&S, oddi tano gan fod y ddaear yn dal ychydig yn damp adeg yma o'r bore. Bag am oes, beth bynnag oedd hynny'n ei olygu. Yr eironi, meddyliodd Deiniol, oedd na fyddai 'run bag plastig yn para trwy gydol oes unigolyn – mi fyddai'n rhwygo neu ei handlen yn dod yn rhydd – ond y byddai pob bag plastig yn para llawer yn hirach nag unrhyw unigolyn. Hyd at fil o flynyddoedd meddan nhw. Taniodd sigarét. Mi fyddai ei bonyn hi, pan fyddai'n ei daflu, yn cymryd rhyw ddeuddeg mlynedd i bydru. Meddan nhw.

Tynnodd ei sach oddi ar ei gefn a'i gosod ar lawr rhwng ei goesau a'i hagor. Tynnodd allan fflasg – coffi du, masnach deg

– a thun bwyd. Yn y tun bwyd roedd y brechdanau hwmws a wnaeth Marred, ei wraig, a dau afal. Roedd ynddo hefyd Fars Bar roedd Deiniol wedi'i brynu yn y siop bapur ar y ffordd. Yn olaf tynnodd sbienddrych o'r bag. Efo'r sbienddrych roedd o'n gallu'u gweld nhw. Mi fyddai'n well ganddo fod yn nes wrth reswm ond doedd hynny ddim yn bosib. Roedd o'n gallu gweld buarth yr ysgol gynradd, a'r llwybr o'r ysgol gynradd i'r stad, a gerddi rhai o'r tai. Roedd hi'n ddiwrnod sych, felly fe fyddai'r plant yn cael eu hanfon allan i chwarae amser egwyl – egwyl bore ac egwyl pnawn, ac amser cinio wrth gwrs. Roedd yr egwyl bore am hanner awr wedi deg a'r egwyl pnawn am ddau. Cwta chwarter awr oeddan nhw'n arfer ei gael ond roedd y brifathrawes newydd yn fwy hyblyg, ac os oedd hi'n braf fe fyddai'r plant yn cael eu gadael allan am hirach. Ac yna am chwarter wedi tri fe fyddai'n gallu edrych arnyn nhw'n cerdded adref ar hyd y llwybr. Roedd yna wrych uchel bob ochr i'r llwybr ac weithiau roedd o'n dod lawr o ben y bryncyn mewn pryd i fod ar y llwybr pan oeddan nhw'n cerdded adref. Ond os oedd o'n gwneud hynny fe fyddai'n rhaid iddo ddringo'n ôl i'w guddfan er mwyn eu gwylio nhw'n chwarae yn eu gerddi ar ôl ysgol. Doeddan nhw i gyd ddim yn chwarae allan, yn enwedig a hitha'n dechra oeri rŵan. Ond fel arfer roedd Bethan allan yn y cefna ar ei phen ei hun, ac weithiau roedd y ddwy drws nesa iddi hi allan hefyd – Jasmine a Sophie. A Calum, peth bach del, del, penfelyn, ac fe wyddai Deiniol nad oedd ei rieni o'n poeni dim lle roedd o. Roedd o wedi sgwrsio efo Calum cyn heddiw, wedi rhoi darn o'i Fars Bar iddo unwaith.

   ... a phethau bychain yn fawr...

   Mi allai o ddychmygu Sophie'n fawr. Roedd hi bron yn un ar ddeg rŵan. Blwyddyn chwech. Flwyddyn nesaf mi fyddai hi yn yr ysgol uwchradd ac fe fyddai Jasmine, ei chwaer, yn cerdded adref ar ei phen ei hun. Roedd mam Bethan yn dal i'w chasglu o'r ysgol, ond mae'n siŵr y byddai Jasmine yn cerdded adref ar ei phen ei hun. Dyna nhw rŵan, roedd y gloch wedi mynd ac mi oeddan nhw allan yn chwarae, yn rhedeg â'u coesau noethion fel ebolion a'u sgertiau'n fflio wrth iddyn nhw droi'n sydyn ym mhen pella'r buarth. Ac mi oedd Calum efo nhw. Mi oedd Calum yn licio chwarae efo'r genod, roedd Deiniol wedi sylwi ar hynny.

Rhwng amser chwarae ac amser cinio mi ddechreuodd fwrw glaw. Swatiodd yno am sbel a chwfl ei gôt Berghaus wedi'i dynnu'n dynn dros ei ben, ond er gwaethaf hynny a chysgod y ddwy graig mi oedd o'n gwlychu. Pan sylweddolodd fod yna ddŵr yn llifo i lawr y graig y tu ôl iddo ac yn llifo dros y bag M&S, mi benderfynodd droi am adref. Annhebygol y bydden nhw'n cael eu gollwng allan i chwarae amser cinio beth bynnag a'r tywydd fel hyn. Byddai cyfleoedd eraill.

Ond ni fu cyfle arall. Cyn iddo gyrraedd y llwybr fe faglodd Deiniol yng nghanol y grug a'r creigiau. Anlwc pur oedd lleoliad y graig, ac er na fu farw'n syth mi oedd o wedi marw erbyn iddyn nhw gael hyd iddo fo. Wnaeth y cymal yn ei ewyllys a oedd yn clustnodi pum mil ar hugain o bunnoedd i'r ysgol gynradd leol ddim byd ond cadarnhau barn pobl amdano.

'Biti na fysa 'na fwy o bobl fatha fo – mi fysa'r byd 'ma'n well lle.'

Ac er nad oedd Marred yn gwybod ei fod wedi neilltuo swm o arian i'r ysgol yn ei ewyllys doedd hi ddim yn synnu, a doedd hi ddim yn gwarafun ddeud gwir gan fod yna hen ddigon o gelc i'w chadw hi'n gyfforddus iawn. Edrychodd ar fanylion y cyfrifon na wyddai hi ddim oll amdanynt a sylweddoli bod hynny o leia'n fantais o fod wedi peidio cael plant.

'Biti na fysa gynnoch chi blant, mi fydden nhw'n gysur ar adeg fel hyn,' meddai rhywun yn y cynhebrwng, y math o ddynas sydd wastad yn ymddangos mewn cynhebrwng, y math o ddynas sydd, ym mhresenoldeb arch, yn colli pob adwy rhwng ymennydd a cheg. Gan nad oedd Marred yn ei hateb roedd y llifeiriant yn parhau.

'Mi fydda fo wedi mwynhau cael plant, yn bysa?'

Gadawodd Marred i'r dagrau lifo ac fe ddaeth hynny â monolog y ddynas i ben fwy neu lai.

'Mae'n ddrwg gen i. Sobr o beth ydi methu cael plant.'

Bu bron, bron iawn, iddi hi ddeud wrthi – deud nad methu cael plant oeddan nhw, deud mai penderfyniad oedd peidio cael plant. Bod y ddau ohonyn nhw wedi trafod a bod y ddau ohonyn nhw wedi cyd-weld ac wedi penderfynu. Ac wedi glynu i'r penderfyniad hwnnw, er gwaethaf popeth. Ond wedyn fe fyddai wedi gorfod deud wrthi hi sut roedd yna sbienddrych ar sìl ffenest y llofft gefn, a sut yr oedd hi'n edrych ymlaen at beidio gorfod picio i fyny yno'n rheolaidd ac edrych trwyddo a gwneud yn siŵr fod Deiniol yn eistedd rhwng y ddwy graig yn gwneud dim byd ond edrych.

Cylch o wydr lliw

Roedd yna fwy o heulwen yma nag yng Nghymru. Yng Nghymru eithriadau oedd y dyddiau pan fyddai'r haul yn tywynnu trwy'r cylch o wydr lliw a thaflu golau glas a gwyrdd ac oren ar lawr y gegin. Ond yma eithriadau oedd y dyddiau pan na fyddai'r golau lliw i'w weld yn y tŷ. Er, nid ar lawr y gegin. Yn Nhy'n y Ceincia roedd y cylch yn crogi yn ffenest y gegin ac, er nad oedd Nan yn meddwl yn ymwybodol am y peth, roedd ei weld yno bob bore yn ei hatgoffa, yn ei hatgoffa o'r da a'r drwg, yn ei hatgoffa o'r un diwrnod hwnnw a oedd wedi'i rannu'n ddau ddarn – cyn iddyn nhw ddweud wrthi y byddai ei mab yn marw, ac ar ôl iddyn nhw ddweud wrthi hi. Roedd o'n ddiwrnod a gafodd ei dorri yn ei hanner mor bendant â phe byddai llafn y llawfeddyg wedi torri'i chnawd hi. Unig gysylltiad y cylch gwydr â'r diwrnod hwnnw oedd iddi ei brynu cyn gwybod ac iddi ei ddangos i'w mab ar ôl iddi gael gwybod. A doedd y cylch ddim wedi newid, roedd siâp a lliwiau'r darnau gwydr wedi aros yn union yr un peth. Mi ddylen nhw fod wedi chwalu'n chwildrins ond wnaethon nhw ddim. Efallai mai dyna pam y gwnaeth hi ei roi i grogi yn ffenest y gegin yn Nhy'n y Ceincia a'i adael yno trwy'r holl flynyddoedd. Efallai mai dyna pam y gwnaeth hi ddod â fo efo hi, er nad oedd hi ond wedi dod ag un bag, gan adael popeth arall i berchnogion newydd Ty'n y Ceincia.

Ond roedd hi heb ei osod yn ffenest y gegin yma. Yma mi oedd yn siglo ar ei gortyn yn ffenest fechan yr ystafell ymolchi a pheth cyntaf yn y bore roedd y golau lliw yn taro yn erbyn y wal wen. Ac yna, yn nes ymlaen yn y dydd, fe fyddai'r golau ar y ddysgl folchi a byddai'i dwylo yn y dŵr yn symud trwy'r glas a'r gwyrdd a'r oren.

Roedd yna fainc y tu allan i'r ystafell ymolchi ac yno y byddai'n eistedd yn y bore gyda'i choffi â'i chefn tuag at y ffenest a'r cylch lliw. Hyd yn oed yn gynnar fel hyn roedd gwres y dydd i'w deimlo ac mi oedd Enzio, ei chymydog, yn cerdded yn araf i fyny'r llwybr o'r pentref. Arhosodd o flaen ei thŷ i'w chyfarch. Fe wyddai Nan ei fod yn siarad yn araf er ei mwyn ond mi oedd hi'n dod yn fwy rhugl bob dydd. Dychwelodd ei gyfarchiad a mentro brawddeg syml yn holi am ei wraig. Gwenodd yntau, ond wyddai hi ddim a oedd o'n gwenu oherwydd ei bod hi wedi mentro a bod y frawddeg yn ddealladwy, ynteu am ei fod yn falch ei bod hi wedi holi am ei wraig.

'Mae hi'n eitha,' atebodd. 'Roedd hi awydd orenau,' ychwanegodd gan ddangos cynnwys ei fag i Nan.

Cododd Nan ei phot coffi i wneud yn siŵr bod yna ddigon ar ôl yno cyn cynnig paned iddo. Petrusodd Enzio – fe fyddai ei wraig yn disgwyl amdano ond fe fyddai'n braf eistedd am ychydig gyda'r cymydog newydd. Roedd o heb gyfaddef wrthi eto ond mi oedd ganddo grap go lew ar y Saesneg, digon i gynnal sgwrs, ac mi fyddai'n braf sgwrsio efo rhywun na wyddai ddim amdano fo a'i deulu a'i helyntion. Efallai y byddai ei wraig wedi mynd yn ôl i gysgu. Agorodd y giât fechan las a arweiniai i'r ardd a dringo'r tair gris garreg at y fainc lle eisteddai Nan. Eisteddodd ac fe aeth Nan i'r tŷ i nôl cwpan arall. Dychwelodd gyda'r gwpan a siwgwr a llefrith a chacen. Gwrthod y siwgwr a'r llefrith wnaeth Enzio ond derbyniodd ddarn o gacen.

'It's very good.'

'Wyt ti'n siarad Saesneg?' gofynnodd Nan, yn falch ac yn siomedig.

'Ychydig,' atebodd. 'Dw i'n rhydlyd, ond bu cyfnod pan oedd rhaid i mi.'

Arhosodd Nan iddo ymhelaethu ond wnaeth o ddim. Nid sgwrs am hynny oedd o isio. Gofynnodd i Nan be oedd hi'n bwriadu'i wneud efo'r ardd. Roedd yna ardd helaeth efo'r tŷ, dyna un o'r pethau a oedd wedi apelio ati, ac mi oedd hi'n llawn cynlluniau. Esboniodd lle y byddai'r llysiau, lle y byddai'r perlysiau, dywedodd ei bod am drio tyfu rhosyn er nad oedd o'n lle delfrydol. Gwrandawodd yntau gan fwynhau ei brwdfrydedd a mwynhau'r ffaith ei fod yn dal i gofio cymaint o Saesneg. Ystyriodd Enzio a fyddai'n bosib i wraig a edrychai bron cyn hyned ag yntau wneud yr holl waith a gresynodd na fyddai'n gallu dweud 'Mae gen i fab, fe ddaw i dy helpu, does ond rhaid gofyn'.

Ond yna sylweddolodd ei fod yn eistedd ar fainc nad oedd yno ddeufis ynghynt a honno wedi'i gosod ar grawiau glân lle nad oedd dim byd ond mieri'n arfer bod. Wrth ei hochr roedd potiau yn llawn *geraniums* lliwgar.

'Chdi?' gofynnodd, gan ledu ei freichiau i gwmpasu'r patio bychan taclus. 'Chdi wnaeth...?'

Chwarddodd Nan.

'Ia.' Ac yna ychwanegu, 'Yn araf.'

Ac fe chwarddodd Enzio.

Aeth y peth yn arferiad. Doedd o ddim yn pasio bob dydd, ond os byddai'n pasio a hithau'n yfed coffi fe fyddai'n ymuno â hi. Ac os byddai'n pasio a hithau'n garddio fe fyddai'n dod i gael sgwrs beth bynnag ac efallai'n ei helpu i symud carreg drom. Un diwrnod daeth i lawr yr allt o'i dŷ o efo dau blanhigyn *courgette* yn un llaw a dau blanhigyn tomato yn y llall.

'Mae gen i ormod,' meddai a'i helpu i ddewis y lle gorau i'w plannu, a phwysleisio bod yn rhaid iddi gario dŵr iddyn nhw, digonedd o ddŵr.

'Dw i'n gwbod,' atebodd.

A doedd o ddim yn siŵr a oedd hi'n chwerthin ar ei ben neu beidio, ond doedd dim ots ganddo chwaith. Ac er ei fod yn mwynhau ei helpu fel hyn roedd yn well ganddo eistedd ar y patio bach yn yfed coffi a bwyta cacen. Roeddan nhw'n gacenni anghyfarwydd, cacenni o'i chartref yng Nghymru mae'n rhaid, ond mi oeddan nhw'n flasus. Ac anaml iawn y byddai cacen adref ers i'w wraig waelu. Esboniodd hyn wrth Nan ac ar ôl hynny roedd hithau'n mynnu torri darn o gacen a'i lapio mewn papur saim iddo fynd i fyny'r allt i'w wraig. Weithiau byddai Enzio yn rhoi'r gacen i'w wraig, weithiau byddai'n ei bwyta ei hun ar y ffordd. Doedd o ddim am iddi ddeall pa mor aml roedd o'n galw efo'r ddynas ddieithr yn yr hen dŷ od'isa eu tir nhw.

Un diwrnod ar ôl bod yn helpu Nan i gario tail i ben pella'r ardd, gofynnodd Enzio a gâi o olchi'i ddwylo cyn bwyta'i gacen. Pwyntiodd Nan at yr ystafell ymolchi a chario'r coffi a'r gacen allan at y fainc.

'Mae o'n dlws,' meddai Enzio pan ddaeth allan ati a phwyntio at y cylch o wydr lliw yn y ffenest. 'Mae o'n taflu'r lliw i'r dŵr.'

'Yndi.'

Ac yna fe deimlodd Nan ei bod wedi ateb yn swta.

'Un o'r ychydig bethau y gwnes i ddod efo fi,' ychwanegodd.

Ac mi oedd o isio gofyn pam, ond fe oedodd yn rhy hir ac fe soniodd Nan am rywbeth arall a thywallt y coffi a thorri'r gacen, ac yna fe aeth yntau yn ôl i fyny'r allt am adref. Ond rhyw fis wedyn, a'r haf bellach yn dod i ben a'r planhigion *courgettes* yn cnydio mor drwm nes eu bod yn bwyta cacen *courgettes*, mi edrychodd eto ar y cylch o wydr lliw oedd yn crogi y tu ôl iddyn nhw.

'Pam?' gofynnodd. Mi wyddai nad oedd rhaid iddo ofyn pam be, ond fe wnaeth – o ran cwrteisi, o ran rhoi amser iddi hi feddwl, o ran gwadu eu bod yn adnabod ei gilydd mor dda. 'Pam wnest ti ddod â hwnna efo chdi? Pam hwnna a dim byd arall?'

Mi oedd o wedi gweld Nan yn cyrraedd, hi â'i un bag ar ei chefn yn cerdded i fyny o'r pentref. Mi oedd o'n gwybod ei bod hi wedi prynu dodrefn a llestri a llenni. Nid gormodiaeth oedd dweud 'hwnna a dim byd arall'.

'Oherwydd fy mod i wedi'i brynu y diwrnod y gwnaethon nhw ddeud wrtha i.'

Ac fe esboniodd. Esboniodd am brynu'r cylch o wydr lliw am ddim rheswm yn y byd heblaw ei fod yn dlws, esboniodd am y plentyn yn y gwely yn yr ysbyty yn chwarae efo fo, esboniodd am y bwlch wnaeth ddim cau dros y blynyddoedd ond yn hytrach a ledodd gan ei gwthio ymhellach ac ymhellach oddi wrth bawb.

'Ac mi ges i fy ngwthio i fama.'

Wnaeth Enzio ddim ateb am ychydig, dim ond dal i edrych ar y gwydr lliw yn pendilio'n ysgafn o flaen y ffenest agored y tu ôl iddyn nhw.

'Wnes i ddim deud wrthat ti pam fy mod i'n gallu siarad Saesneg, yn naddo?'

Am eiliad credai Nan ei fod yn trio troi'r stori. A doedd hi ddim yn ei feio. Prin ydi'r bobl sy'n gallu trafod marwolaeth plentyn. Ond yr eiliad yr edrychodd ar ei wyneb mi wyddai nad dyna oedd o'n ei wneud.

'Mi wnes i dreulio misoedd mewn ysbyty yn yr Unol Daleithiau. Mi ddois i adref fy hun.'

Tyrchodd i'w boced a thynnu Mickey Mouse bach plastig allan. Gosododd o i sefyll ar y sìl ffenest.

'Dyma fy nghylch o wydr lliw i.'

A'r bore hwnnw wnaethon nhw ddim bwyta cacen ac fe aeth y coffi'n oer yn yr haul.